DOCTRINE DE LA VIE

POUR

LA NOUVELLE JÉRUSALEM,

D'APRÈS

LES COMMANDEMENS DU DÉCALOGUE;

PAR EMMANUEL SWEDENBORG,

SERVITEUR DE NOTRE SEIGNEUR JÉSUS-CHRIST.

Traduite du latin sur l'Édition d'Amsterdam de 1763,

PAR J. P. MOËT, *de Versailles,*

ET PUBLIÉE PAR UN AMI DE LA VÉRITÉ.

A PARIS,

CHEZ TREUTTEL ET WÜRTZ, LIBRAIRES,

RUE DE BOURBON, N° 17.

A STRASBOURG et à LONDRES, même Maison de Commerce.

1821.

CATALOGUE des Ouvrages d'EMMANUEL SWEDENBORG,
traduits sur l'original latin par J. P. MOËT, de Versailles.

<table>
<tr><td>OUVRAGES QUI VIENNENT DE PARAÎTRE.</td><td>Nombre de volumes.</td></tr>
</table>

	Nombre de volumes.
1. Du Ciel et de l'Enfer.	1
2. La vraie Religion chrétienne.	2
3. Doctrine de la vie pour la Nouvelle Jérusalem.	1
4. La Nouvelle Jérusalem et sa doctrine céleste.	1

OUVRAGES QUI PARAÎTRONT SUCCESSIVEMENT.

5. Doctrine de la Nouvelle Jérusalem sur la vie.	1
6. La Sagesse des Anges sur le divin amour et sur la divine sagesse.	1
7. La Sagesse des Anges sur la divine Providence.	1
8. L'Apocalypse révélée.	2
9. Doctrine de la Nouvelle Jérusalem sur l'Écriture sainte.	1
10. — Sur la foi.	1
11. Traité du commerce de l'âme avec le corps.	1
12. Des Terres qui sont nommées Planètes dans le monde solaire, et des Terres dans le ciel astral.	1
13. Arcanes célestes, contenant l'explication du sens spirituel de la Genèse et de l'Exode.	16
14. Les Délices de la sagesse sur l'amour conjugal, et les Voluptés de la folie sur l'amour débauché.	1
15. Dissertation sur le *Cheval blanc* de l'Apocalypse.	1
16. Du Jugement dernier et de la Babylone détruite, et continuation du même ouvrage.	1
17. Exposition sommaire du sens interne des livres prophétiques de la Parole de l'ancien Testament, et des Psaumes de David.	1
18. Appendix à la vraie religion chrétienne.	1
19. Exposition sommaire de la doctrine de la nouvelle Église.	1
20. Du divin amour et de la divine sagesse, ouvrage posthume.	1
21. Du culte et de l'amour de Dieu, en deux parties.	1
22. Clef hiéroglyfique des arcanes spirituels et naturels.	1
23. Économie du règne animal.	3
24. Le règne animal.	3
25. Des moyens qui conduisent à la vraie philosophie, et de l'homme vraiment philosophe.	1

DOCTRINE DE LA VIE

POUR LA NOUVELLE JÉRUSALEM,

D'APRÈS LES COMMANDEMENS DU DÉCALOGUE.

Toute religion consiste dans la vie, et la vie de la religion est de faire le bien.

1. TOUT homme qui a de la religion sait et reconnoît que celui qui vit bien est sauvé, et que celui qui vit mal est damné; car il sait et reconnoit que celui qui vit bien pense bien, non-seulement sur Dieu, mais aussi sur le prochain, et qu'il n'en est pas de même de celui qui vit mal. La vie de l'homme est son amour, et ce que l'homme aime, non-seulement il le fait volontiers, mais même il y pense volontiers. La raison pour laquelle il est dit que la vie de la religion est de faire le bien, c'est parcé que faire le bien et penser le bien vont ensemble; si ces deux choses ne vont point ensemble en l'homme, elles ne sont pas de sa vie: mais ces vérités seront démontrées dans les articles suivans.

2. Que la religion consiste dans la vie, et que la vie est de faire le bien, c'est ce que voit tout homme qui lit la Parole; et quand il la lit, il le reconnoît. Voici ce qu'on lit dans la Parole: « Quiconque violera le moindre de ces commandemens, et enseignera aux hommes à le violer, sera appelé le plus petit dans le royaume des cieux; mais quiconque *les pratique* et *les enseigne*, celui-là sera appelé grand dans le royaume des cieux. Je vous le dis, si votre *justice* ne surpasse celle des scribes et des pharisiens, vous n'entrerez point dans le royaume des cieux. » Matth. v. 19. 20. « Tout arbre qui ne *fait pas de bon fruit* est coupé et jeté au feu; c'est pourquoi vous les connoîtrez *par leurs fruits.* » Matth. VII. 19. 20. « Ceux qui me disent : Seigneur! Seigneur! n'entreront pas tous dans le royaume des cieux; mais celui-là y entrera, qui *fait la volonté* de mon Père, qui est dans les cieux. » Matth. VII. 21. « Plusieurs me diront, dans ce jour: Seigneur! Seigneur! n'avons-nous pas prophétisé en votre nom,

et n'avons-nous pas opéré plusieurs prodiges en votre nom? Mais alors je leur dirai : Je ne vous connois pas; *éloignez-vous de moi, ouvriers d'iniquité.* » Matth. VII. 22. 23. « Quiconque entend mes paroles et les *met en pratique*, je le comparerai à un homme prudent qui a bâti sa maison sur la pierre; mais quiconque entend mes paroles et ne les *met pas en pratique*, je le comparerai à un homme insensé qui a bâti sa maison sur le sable. » Matth. VII. 24. 26. « Jésus dit : Le semeur sortit pour semer; une partie des semences tomba le long du chemin, une autre partie dans des lieux pierreux, une autre partie au milieu des épines; et une autre partie dans une bonne terre. Celui qui a semé dans la bonne terre, c'est celui qui entend la Parole et y fait attention, et qui ensuite *porte du fruit*, la mettant en pratique, l'un au centuple, l'autre au soixantuple, et l'autre au trentuple. Que celui-là l'entende, qui a des oreilles pour entendre. » Matth. XIII. 3 à 9. 23. « Le fils de l'homme doit venir dans la gloire de son père, et alors *il rendra à chacun selon ses œuvres.* » Matth. XVI. 27. « Le royaume de Dieu vous sera ôté, et il sera donné à une nation qui *en produira les fruits.* » Matth. XXI. 43. « Quand le fils de l'homme viendra dans sa gloire, alors il s'asseyera sur le trône de sa gloire, et il dira aux brebis qui seront à sa droite : Venez, vous qui êtes bénits, et possédez comme votre héritage le royaume préparé pour vous dès le commencement du monde; car j'ai eu faim, et vous m'avez donné à manger; j'ai eu soif, et vous m'avez donné à boire; j'ai été voyageur, et vous m'avez recueilli; j'ai été nu, et vous m'avez revêtu; j'ai été malade, et vous m'avez soigné; j'ai été en prison, et vous m'avez visité. Alors les justes répondront : Quand est-ce donc, Seigneur, que nous vous avons vu ainsi? Mais le roi leur répondra : En vérité, je vous le dis, qu'autant de fois que vous avez pratiqué ces œuvres envers l'un de mes moindres frères, vous les avez pratiquées envers moi. Le roi dira ensuite les mêmes choses aux boucs qui seront à sa gauche; et, parce qu'ils n'auront pas pratiqué les mêmes œuvres, il leur dira : Éloignez-vous de moi, maudits; allez au feu éternel préparé pour le diable et pour ses anges. » Matth. XXV. 31 à 46. « *Faites de dignes fruits de pénitence.* Déjà la hache est à la racine des arbres. Tout arbre donc *qui ne produit pas de bon fruit* est coupé et jeté au feu. » Luc, III. 8. 9. « Jésus dit : Pourquoi m'appelez-vous Seigneur, Seigneur, et que *vous ne faites pas ce que je vous dis?*

Quiconque vient à moi, entend mes paroles et les *met en pratique*, est semblable à l'homme qui bâtit une maison, et qui en a posé le fondement sur la pierre; mais celui qui écoute et ne pratique point, est semblable à l'homme qui bâtit sa maison sur la terre, sans fondement. » Luc, VI. 46 à 49. « Jésus dit : Ma mère et mes frères sont ceux qui entendent la parole de Dieu et la *mettent en pratique*. » Luc, VIII. 21. « Alors, vous commencerez à vous présenter et à frapper à la porte, en disant : Seigneur, ouvrez-nous; mais il vous répondra : Je ne sais point d'où vous êtes; *éloignez-vous de moi, vous tous, ouvriers d'iniquité*. » Luc XIII. 25. 27. « C'est là le jugement que la lumière est venue dans le monde; mais les hommes ont mieux aimé les ténèbres que la lumière, car *leurs œuvres étoient mauvaises*; quiconque *fait de mauvaises œuvres* hait la lumière, de peur que *ses œuvres* ne soient condamnées; mais celui qui pratique la vérité vient à la lumière, afin que *ses œuvres* soient manifestées, parce qu'elles ont été faites en Dieu. » Jean, III, 19 à 21. « Et ceux qui *ont fait de bonnes œuvres* sortiront pour la résurrection de la vie. » Jean, V. 29. « Nous savons que Dieu n'écoute pas les pécheurs; mais si quelqu'un adore Dieu et *fait sa volonté*, il l'écoute. » Jean, IX. 31. « Si vous savez ces choses, *vous êtes heureux si vous les pratiquez*. » Jean, XIII. 17. « Celui qui a les commandemens et qui *les pratique*, c'est celui qui m'aime, et moi je l'aimerai; je me manifesterai moi-même à lui; je viendrai à lui, et je ferai ma demeure en lui. Celui qui ne m'aime pas ne garde pas mes paroles. » Jean, XIV. 21 à 24. « Jésus dit : Je suis la vraie vigne, et mon père est le vigneron; il retranche toute branche *qui ne porte point de fruit* en moi; mais il émonde toute branche *qui porte du fruit*, afin qu'elle *en porte davantage*. » Jean, XV. 1. 2. « C'est la gloire de mon père que *vous portiez beaucoup de fruit* et que vous deveniez mes disciples. » Jean, XV. 8. « Vous êtes mes amis, *si vous faites tout ce que je vous commande*. Je vous ai choisis *afin que vous portiez du fruit, et afin que votre fruit demeure*. » Jean, XV, 14. 16. « Le Seigneur dit à Jean : Écrivez à l'ange de l'Église d'Éphèse : *Je connois vos œuvres*; j'ai à vous blâmer de ce que vous vous êtes relâché de votre *charité* première; faites pénitence, et *pratiquez vos premières œuvres*; autrement, j'ôterai votre chandelier de son lieu. » Apoc. II. 1 à 5. « Écrivez à l'ange de l'Église des Smyrnéens : *Je connois vos œuvres*. » Apoc. II. 8. « Écrivez à l'ange de l'Église de Pergame : *Je connois vos œuvres, faites pénitence.* » Apoc. II. 13. 16. « Écrivez à l'ange de l'Église de Thyatire : *Je connois vos œuvres et votre charité,* et que vos dernières *œuvres* ont été plus abondantes que les premières. » Apoc. II. 18 à 19. « Écrivez à l'ange de l'Église de Sardes : *Je connois vos œuvres;* je sais que vous avez la réputation d'être vivant, mais vous êtes mort. *Je n'ai point trouvé vos œuvres parfaites devant Dieu; faites pénitence.* » Apoc. III. 1 à 3. « Écrivez à l'ange de l'Église de Philadelphie : *Je connois vos œuvres.* » Apoc. III. 7. 8. « Écrivez à l'ange de l'Église des Laodicéens : *Je connois vos œuvres; faites pénitence.* » Apoc. III. 14. 15. 19. « J'entendis une voix du ciel disant : Écrivez : Bien heureux les morts, qui de ce moment meurent dans le Seigneur. L'esprit dit : Afin qu'ils se reposent de leurs travaux, *leurs œuvres les suivent.* » Apoc. XIV. 13. « Un livre fut ouvert, qui est le livre de vie, et les morts furent jugés selon les choses qui sont écrites dans ce livre, *tous selon leurs œuvres.* » Apoc. XX. 12, 13. « Je vais venir bientôt, et ma récompense est avec moi, *pour donner à chacun selon son œuvre.* » Apoc. XXII. 12. De même dans l'ancien Testament. « Rendez-leur *selon leur œuvre* et selon l'ouvrage de leurs mains. » Jérém. XXV. 14. « Jéhovah, dont les yeux sont ouverts sur toutes les voies des hommes, pour donner à chacun *selon ses voies et selon le fruit de ses œuvres.* » Jérém. XXXII. 19. « Je le visiterai *selon ses voies,* et je lui rendrai le prix *de ses œuvres.* » Osée, IV. 9. « Jéhovah nous a traité *selon nos voies et selon nos œuvres.* » Zach. I. 6, et dans plusieurs passages où il est prescrit d'accomplir les statuts, les ordonnances et les lois. Comme dans les suivans : « Vous observerez mes statuts et mes jugemens; *si l'homme les pratique, il vivra par eux.* » Lévit. XVIII. 5. « Vous observerez tous mes statuts et mes jugemens, *afin de les mettre en pratique.* » Lévit. XIX. 37. XX. 8. XXII. 31. « Des bénédictions sont promises *s'ils pratiquent les préceptes;* des malédictions, *s'ils ne les pratiquent pas.* » Lévit. XXVI. 4 à 46. « Il fut ordonné aux enfans d'Israël de mettre une frange aux coins de leurs vêtemens, pour se ressouvenir sans cesse de tous les préceptes de Jéhovah, *afin de les mettre en pratique.* » Nomb. XV. 38. Deut. XXII. 12, et en mille autres passages semblables. Que ce sont les œuvres qui font l'homme de l'Église, et qu'il est sauvé selon ses œuvres; c'est ce qu'enseigne aussi le Seigneur dans ses paraboles, dont plusieurs font voir que ceux qui pratiquent les bonnes œuvres sont acceptés, et que ceux qui en font de mauvaises sont rejetés; comme dans la parabole des Vignerons, Matth. xxi. 33 à 44; dans celle du Figuier qui ne portoit point de fruit, Luc, xiii. 6; dans celle des Talens et des Mines à faire valoir, Matth. xxv. 14 à 31, Luc, xix. 13 à 25; dans celle du Samaritain, qui banda les plaies de l'homme blessé par des voleurs, Luc, x. 30 à 37; dans celle du Riche et de Lazare, Luc, xvi. 19 à 31; dans celle des dix Vierges, Matth. xxv. 1 à 12.

3. Que tout homme qui a de la religion sait et reconnoît que celui qui vit bien est sauvé, et que celui qui vit mal est damné, cela vient de la conjonction du ciel avec l'homme qui, par la Parole, connoît qu'il y a un Dieu, qu'il y a un ciel et un enfer, et qu'il y a une vie après la mort; c'est de là que vient cette commune perception. C'est pourquoi, dans la doctrine de foi ou symbole d'Athanase, sur la Trinité, qui est universellement reçue dans le monde chrétien, cette proposition, qui est à la fin, est aussi universellement reçue : « Jésus-Christ, qui a souf- « fert pour notre salut, est monté dans le ciel et est assis à la « droite de Dieu tout-puissant, d'où il viendra pour juger les « vivans et les morts, *et alors ceux qui ont fait de bonnes œuvres* « *entreront dans la vie éternelle, et ceux qui auront fait de mau-* « *vaises œuvres entreront dans le feu éternel.* »

4. Cependant, dans les églises chrétiennes, plusieurs en- seignent que la foi seule sauve, et non pas le bien de la vie ou les bonnes œuvres : ils ajoutent encore que le mal de la vie, ou les mauvaises œuvres, ne condamne pas ceux qui sont justifiés par la foi seule, parce qu'ils sont en Dieu et dans la grâce; mais il est surprenant que, quoiqu'ils enseignent de tels para- doxes, ils reconnoissent néanmoins, ce qui vient de la commune perception du ciel, que ceux qui vivent bien sont sauvés, et que ceux qui vivent mal sont condamnés. La preuve qu'ils re- connoissent cette vérité se tire de l'exhortation qui est lue dans les temples, tant en Angleterre qu'en Allemagne, en Suède et en Danemarck, avant la célébration de la sainte Cène. Il est notoire que c'est dans ces royaumes que sont ceux qui ensei- gnent cette doctrine de la foi seule. Voici cette exhortation, ou instruction, telle qu'elle est lue en Angleterre, avant le sacre- ment de la sainte Cène.

5. 6. « La voie et le moyen pour être reçus comme de dignes

« participans à cette sainte Table, est d'examiner vos actions et
« vos discours, selon la règle des commandemens de Dieu; et
« dans tout ce que vous apercevrez avoir commis quelque
« offense par volonté, par parole ou par action, de déplorer
« votre nature pécheresse, et d'en faire la confession devant
« Dieu tout-puissant, avec une ferme résolution de vous amen-
« der; et si vous découvrez que vos offenses sont telles, qu'elles
« sont non-seulement contre Dieu, mais aussi contre le pro-
« chain, alors vous vous réconcilierez avec lui, et vous serez
« prêts à lui faire restitution et satisfaction, le plus que vous
« pourrez, pour toutes les injustices et les torts que vous aurez
« commis contre lui, étant également prêts à pardonner à ceux
« qui vous ont offensé, comme vous voulez que Dieu vous par-
« donne; autrement, la réception de la sainte communion ne
« feroit qu'agraver votre damnation. C'est pourquoi, si quel-
« qu'un d'entre vous est blasphémateur de Dieu, détracteur et
« médisant de sa parole, ou adultère, ou malicieux, ou envieux,
« ou coupable de quelque autre crime énorme, faites pénitence
« de vos péchés; sinon n'approchez pas de la sainte Table, de
« peur qu'après avoir reçu ce saint Sacrement, le diable n'entre
« en vous, ainsi qu'il entra dans Judas, et ne vous remplisse
« de toute iniquité, et ne détruise votre corps et votre âme. »

7. Il m'a été donné de demander, dans le monde spirituel,
à quelques prêtres anglois qui avoient confessé et prêché la foi
seule, si, quand ils lisoient dans les temples cette exhortation,
dans laquelle la foi n'est seulement pas nommée, ils croyoient
qu'il leur arriveroit que, s'ils faisoient de mauvaises œuvres et
n'en fissent pas pénitence, le diable entreroit en eux comme il
entra dans Judas, et qu'il détruiroit leur corps et leur âme. Ils
me répondirent que, dans l'état où ils étoient quand ils lisoient
cette exhortation, ils ne savoient et ne pensoient rien autre,
sinon que ces choses sont la religion même; mais que, quand
ils composoient et prononçoient leurs sermons ou prédications,
ils ne pensoient pas de même, parce que, touchant la foi, ils
pensoient qu'elle est l'unique moyen du salut; et touchant le bien
de la vie, ou les bonnes œuvres, que c'est un accessoire moral
utile au bien public. Mais néanmoins ils furent convaincus qu'ils
avoient aussi la commune perception que qui vit bien est sauvé,
et que qui vit mal est damné, et qu'ils avoient cette perception
quand ils n'étoient pas dans leur propre.

8. Que toute religion consiste dans la vie, c'est parce que chacun, après la mort, est sa vie; car elle reste alors là même qu'elle étoit dans le monde, et elle ne change pas. Une mauvaise vie ne peut être convertie en bonne, ni une bonne en mauvaise, parce qu'elles sont opposées, et la conversion, dans l'opposé, est l'extinction : c'est pourquoi, comme ces deux vies sont opposées, la bonne vie est appelée vie, et la mauvaise vie est appelée mort. De là vient que la religion consiste dans la vie, et que la vie est de faire le bien; que l'homme est après la mort tel qu'étoit sa vie dans ce monde. C'est ce qu'on peut voir dans l'ouvrage intitulé : *Du Ciel et de l'Enfer*, n° 470 à 484.

Personne ne peut faire le bien, qui est bien, par soi-même.

9. Jusqu'à ce jour à peine quelqu'un a su si le bien qu'il fait est par lui ou par Dieu; la raison en est que l'Église a séparé la foi d'avec la charité : or, le bien consiste dans la charité. L'homme donne aux pauvres, secourt les indigens; il dote des temples et des hôpitaux, sert l'Église, la patrie et les concitoyens, fréquente assidument le temple, où il écoute et prie dévotement; il lit la Parole et les livres de piété, il pense au salut, mais il ne sait pas s'il fait ces choses par lui-même ou par Dieu. Il peut les faire par Dieu, et il peut les faire par lui-même : s'il les fait par Dieu, elles sont bonnes; s'il les fait par lui-même, elles ne sont pas bonnes. De plus, il y a des œuvres semblables qui, quoique bonnes en soi, sont réellement mauvaises, telles que les bonnes œuvres hypocrites qui sont trompeuses et frauduleuses.

10. Les bonnes œuvres venant de Dieu et celles venant de soi-même peuvent être comparées à l'or. L'or qui est or dans son intime, et qu'on appelle or fin, c'est le bon or; l'or allié à l'argent est aussi de l'or, mais bon seulement selon son titre : l'or allié avec le cuivre est encore moins bon; mais l'or fait par artifice, et semblable à l'or par sa couleur, n'est pas de bon or, car la substance de l'or n'est point en lui. Il y a aussi la dorure; tels sont l'argent doré, le cuivre doré, le fer, l'étain, le plomb dorés, le bois doré et la pierre dorée, qui, par leur extérieur, peuvent paroître comme de l'or; mais comme ces matières ne sont point de l'or, elles sont estimées ou selon l'art, ou selon le prix de la chose dorée, ou selon le prix de l'or qu'on

peut en retirer : ces choses diffèrent en bonté d'avec l'or même, comme le vêtement diffère de l'homme. Le bois pourri, les scories, et même la fiente, peuvent être couverts d'or; mais cet or peut être comparé au bien pharisaïque.

11. L'homme, par la science, connoit si l'or est bon dans sa substance, s'il a de l'alliage, s'il est falsifié, et si c'est un or de dorure; mais par la science il ne connoit pas si le bien qu'il fait est bien en soi : ce qu'il connoit seulement, c'est que le bien qui vient de Dieu est bien, et que le bien qui vient de l'homme n'est pas bien. C'est pourquoi, comme il est important au salut de savoir si le bien que l'homme fait vient de Dieu, ou ne vient pas de Dieu, il faut le révéler; mais auparavant il est essentiel de dire quelque chose des biens ou bonnes œuvres.

12. Il y a un bien civil, un bien moral et un bien spirituel. Le bien civil est celui que l'homme fait d'après la loi civile; par ce bien, et selon lui, l'homme est citoyen dans le monde naturel. Le bien moral est celui que l'homme fait d'après la loi rationnelle ou de la raison; par ce bien, et selon lui, l'homme est homme. Le bien spirituel est celui que l'homme fait d'après la loi spirituelle; par ce bien, et selon lui, l'homme est citoyen dans le monde spirituel. Ces trois biens se suivent dans cet ordre : le bien spirituel est le suprême, le bien moral est le moyen, et le bien civil est le dernier.

13. L'homme en qui est le bien spirituel est aussi homme moral et homme civil; mais l'homme en qui n'est point le bien spirituel paroit comme homme moral et homme civil, mais néanmoins il ne l'est pas. L'homme en qui est le bien spirituel est homme moral et civil, parce que le bien spirituel a en soi l'essence du bien, et par lui le bien moral et le bien civil : l'essence du bien ne peut venir d'ailleurs que de celui même qui est le bien même. Donnez à votre pensée le plus vaste champ, méditez de toutes vos forces, et examinez d'où le bien est bien, et vous verrez qu'il l'est par son être, et que cela est le bien qui a en soi l'être du bien; conséquemment, que le bien est ce qui vient du bien même, qui est Dieu; conséquemment, que le bien qui ne procède point de Dieu, mais qui vient de l'homme, n'est pas le bien.

14. D'après ce qui a été dit dans *la Doctrine, touchant l'Écriture sainte*, N°s 27. 28. 38, on peut voir que le suprême, le moyen et le dernier font un, comme la fin, la cause et l'effet;

et que, comme ils font un, la fin est nommée fin première, la cause est nommée fin moyenne, et l'effet est nommé fin dernière; d'où il est manifeste que chez l'homme en qui est le bien spirituel, le bien moral est le bien spirituel moyen, et le bien civil est le bien spirituel dernier. Or, de là vient, comme il a été dit, que l'homme en qui est le bien spirituel est aussi homme moral et homme civil, et que l'homme en qui n'est pas le bien spirituel n'est ni homme moral, ni homme civil, mais que seulement il paroît l'être : il paroît ainsi à lui-même et aux autres.

15. L'homme qui n'est point spirituel peut néanmoins penser et parler raisonnablement comme l'homme spirituel, parce que l'entendement de l'homme peut être élevé dans la lumière du ciel, qui est la vérité, et voir par cette lumière; mais la volonté de l'homme ne peut pas être également élevée dans la chaleur du ciel, qui est l'amour, et agir par cette chaleur. De là vient que la vérité et l'amour ne font point un en l'homme, à moins qu'il ne soit spirituel. De là vient aussi que l'homme peut parler; c'est ce qui établit la différence entre l'homme et la bête. De ce que l'entendement peut être élevé dans le ciel, tandis que la volonté n'y est pas encore élevée, il résulte que l'homme peut être réformé et devenir spirituel; mais il se réforme et devient spirituel, quand la volonté est élevée aussi. De cette qualité de l'entendement, qui n'est point dans la volonté, il s'ensuit que l'homme, quel qu'il soit, même le méchant, peut penser et parler raisonnablement ainsi que l'homme spirituel. Néanmoins, s'il n'est pas raisonnable, c'est parce que l'entendement ne conduit pas la volonté, mais que la volonté conduit l'entendement : or, l'entendement enseigne seulement et montre la voie, ainsi qu'il a été démontré dans *la Doctrine touchant l'Écriture sainte*, n° 115; et tant que la volonté n'est point une avec l'entendement dans le ciel, l'homme n'est point spirituel, ni conséquemment raisonnable; car, quand il est abandonné à sa volonté ou à son amour, il rejette les vérités rationnelles de son entendement touchant Dieu, le ciel et la vie éternelle; mais à leur place il admet des idées qui s'accordent avec l'amour de sa volonté, et il les appelle vérités rationnelles. On peut voir, sur ce sujet, les *Traités de la sagesse angélique.*

16. Dans les articles suivans, ceux qui font le bien par eux-mêmes seront nommés hommes naturels, parce que le moral et

le civil, chez eux, sont naturels quant à l'essence; mais ceux qui font le bien par le Seigneur seront nommés hommes spirituels, parce que le moral et le civil, chez eux, sont spirituels quant à l'essence.

17. Que personne ne peut par soi-même faire le bien qui est réellement bien, c'est ce que le Seigneur enseigne. « *L'homme ne peut rien recevoir, s'il ne lui est donné du ciel.* » Jean, III. 27. « *Celui qui demeure en moi, et en qui je demeure, porte beaucoup de fruit, parce que sans moi vous ne pouvez rien faire.* » Jean, xv. 5. Ces mots, celui qui demeure en moi et en qui je demeure porte beaucoup de fruit, signifient que tout bien procède du Seigneur : le fruit, c'est le bien. Sans moi vous ne pouvez rien faire, signifie que personne ne peut faire le bien par lui-même. Ceux qui croient au Seigneur, et font le bien par le Seigneur, sont appelés *fils de la lumière*, Jean, xii. 36. Luc, xvi. 8; *fils des noces*, Marc, ii. 19; *fils de la résurrection*, Luc, xx. 36; *fils de Dieu*, Luc, xx. 36; Jean, i. 12; *nés de Dieu*, Jean, i. 13; et il est dit d'eux qu'*ils verront Dieu*, Matth. v. 8; que *le Seigneur fera sa demeure en eux*, Jean, xiv. 23; qu'*ils ont la foi de Dieu*, Marc, xii. 22; que *leurs œuvres sont faites par Dieu*, Jean, iii. 21. Toutes ces choses sont comprises sommairement dans ce passage : « *A tous ceux qui ont reçu Jésus il a donné le pouvoir d'être fils de Dieu, à ceux qui croient en son nom, qui sont nés non du sang, ni de la volonté de la chair, ni de la volonté de l'homme, mais de Dieu.* » Jean, i. 12. 13. Croire au nom du Fils de Dieu, c'est croire à la Parole et vivre selon elle; la volonté de la chair, c'est le propre de la volonté de l'homme qui est mauvaise en soi; la volonté de l'homme, c'est le propre de son entendement qui est faux par le mal en soi. Ceux qui sont nés de ces deux volontés, ce sont ceux qui veulent et agissent, pensent et parlent par leur propre; ceux qui sont nés de Dieu, ce sont ceux qui veulent et agissent, pensent et parlent par le Seigneur. En un mot, ce qui vient de l'homme n'est pas bien, et ce qui vient du Seigneur est bien.

Autant l'homme fuit les maux comme péchés, autant il fait les biens, non par soi, mais par le Seigneur.

18. Qui ne sait pas et ne peut pas savoir que les maux empêchent que le Seigneur puisse entrer en l'homme? car le mal

est l'enfer; le Seigneur est le ciel. Le ciel et l'enfer sont opposés; c'est pourquoi autant l'homme est dans l'un, autant il ne peut être dans l'autre, car l'un agit contre l'autre et le détruit.

19. L'homme, tant qu'il est dans le monde, est entre l'enfer et le ciel; l'enfer est au-dessous de lui, et le ciel est au-dessus: alors il est tenu dans la liberté de se tourner ou vers l'enfer ou vers le ciel. S'il se tourne vers l'enfer, il se détourne du ciel; s'il se tourne vers le ciel, il se détourne de l'enfer. Ou, ce qui est la même chose, l'homme, tant qu'il est dans le monde, est entre le Seigneur et le diable, et il est tenu dans la liberté de se tourner vers l'un ou vers l'autre. S'il se tourne vers le diable, il se détourne du Seigneur; si au contraire il se tourne vers le Seigneur, il se détourne du diable. Ou, ce qui est encore la même chose, l'homme, tant qu'il est dans le monde, est entre le bien et le mal, et il est tenu dans la liberté de se tourner vers l'un ou vers l'autre. S'il se tourne au mal, il se détourne du bien; s'il se tourne au bien, il se détourne du mal.

20. Nous disons que l'homme est tenu dans la liberté de se tourner vers l'un ou vers l'autre: or, cette liberté est à chaque homme, non par lui-même, mais par le Seigneur; c'est pourquoi nous disons qu'il est tenu. Voyez dans l'ouvrage DU CIEL ET DE L'ENFER, n° 589 à 603, ce qui est dit sur l'équilibre entre le ciel et l'enfer, sur la position de l'homme dans cet équilibre, et de sa liberté procédante de cet état d'équilibre. On verra ci-après que chaque homme est tenu dans la liberté, et qu'elle n'est ôtée à personne.

21. D'après ce qui vient d'être dit, il est évident qu'autant l'homme fuit les maux, autant il est auprès du Seigneur et dans le Seigneur; et qu'autant il est dans le Seigneur, autant il fait les biens, non par soi, mais par le Seigneur. De là résulte cette commune loi: qu'AUTANT QUELQU'UN FUIT LES MAUX, AUTANT IL FAIT LES BIENS.

22. Mais deux choses sont requises: l'une, que l'homme doit fuir les maux, parce qu'ils sont des péchés, c'est-à-dire parce qu'ils sont infernaux et diaboliques, conséquemment contre le Seigneur et contre les lois divines; l'autre, que l'homme doit fuir les maux comme péchés, comme par lui-même; mais qu'il doit savoir et croire que c'est par le Seigneur. Il sera traité de ces deux points dans les articles suivans.

23. De là résulte ces trois conséquences: I. Que si l'homme

veut et fait les biens avant que d'avoir fui les maux comme péchés, les biens ne sont pas des biens. II. Que si l'homme pense et parle pieusement, et ne fuit pas les maux comme péchés, sa piété n'est pas de la piété. III. Que si l'homme a beaucoup de connoissance et de science, et ne fuit pas les maux comme péchés, il n'a pas la vraie science ou la sagesse.

24. I. *Que si l'homme veut et fait les biens avant que d'avoir fui les maux comme péchés, les biens ne sont point des biens,* c'est parce qu'avant cela il n'est pas dans le Seigneur, ainsi qu'il a été dit ci-dessus. Par exemple, s'il donne aux pauvres, s'il porte secours aux indigens, s'il dote des temples et des hôpitaux, s'il fait du bien à l'Église, à la patrie, à ses concitoyens; s'il enseigne l'Évangile et convertit, s'il exerce la justice dans les jugemens, la sincérité dans les affaires, et la droiture dans les actions; et, cependant, s'il regarde les maux, en tant que péchés, comme rien, tels que les fraudes, les adultères, les haines, les blasphèmes, et autres semblables, alors il ne peut faire d'autres bonnes œuvres que celles qui intérieurement sont mauvaises; car il les fait par lui-même, et non par le Seigneur : ainsi il est lui-même dans ce qu'il fait, et non le Seigneur; et les biens dans lesquels est l'homme lui-même sont tous souillés par ses maux, et ils se rapportent à lui-même et au monde. Néanmoins ces mêmes œuvres, détaillées ci-dessus, sont intérieurement bonnes, si l'homme fuit les maux comme péchés, tels que les fraudes, les adultères, les haines, les blasphèmes et autres semblables : alors les œuvres qu'il fait sont faites par le Seigneur, et sont dites *être faites en Dieu.* Jean, III. 21.

25. II. *Que si l'homme pense et parle pieusement, et ne fuit pas les maux comme péchés, sa piété n'est pas de la piété,* c'est parce qu'avant cela il n'est pas dans le Seigneur. Par exemple, s'il fréquente les temples, écoute dévotement les prédications, lit la Parole et les livres de piété, participe au sacrement de la sainte Table, fait tous les jours des prières, même s'il pense beaucoup à Dieu et au salut; et, cependant, s'il regarde les maux, en tant que péchés, comme rien, tels que les fraudes, les adultères, les haines, les blasphèmes et autres semblables, alors ses pensées et ses paroles pieuses ne peuvent pas être intérieurement pieuses, parce que l'homme lui-même y est avec ses maux. A la vérité, il ne sait pas alors que ses maux sont dans

ses pensées et ses paroles pieuses, mais néanmoins ils y sont, et y restent cachés devant lui; car c'est comme un ruisseau d'eau impure, parce qu'elle est impure dans sa source. Ses exercices de piété sont ou des pratiques d'habitude, ou des œuvres méritoires, ou hypocrites. A la vérité, elles montent vers le ciel, mais elles se détournent en chemin, et retombent, comme la fumée dans l'air.

26. Il m'a été donné de voir et d'entendre plusieurs hommes, après leur mort, qui me faisoient l'énumération de leurs bonnes œuvres et de leurs exercices de piété, tels que ceux cités n°s 24 et 25, et d'autres encore. Parmi eux j'en vis aussi quelques-uns qui avoient des lampes, mais pas d'huile. Je leur demandai s'ils avoient fui les maux comme péchés, et je trouvai que non; c'est pourquoi il leur fut dit qu'ils étoient méchans. Je les vis ensuite entrer dans des cavernes où étoient des méchans semblables à eux.

27. III. *Que si l'homme a beaucoup de connoissance et de science, et ne fuit pas les maux comme péchés, il n'a pas la vraie science ou la sagesse*; c'est encore par la même raison que ci-dessus, c'est-à-dire, parce qu'il sait par lui-même, et non par le Seigneur. Ainsi, quand même il connoîtroit exactement la doctrine de son Église, et tout ce qui y a rapport; quand il sauroit les confirmer par la Parole et par des raisonnemens, quand il connoîtroit les doctrines de toutes les Églises depuis les premiers siècles, et en même temps les décrets de tous les conciles; enfin, quand il connoîtroit toutes les vérités, qu'il les verroit et les comprendroit; comme, par exemple, quand il sauroit ce que c'est que la foi, ce que c'est que la charité, ce que c'est que la piété, ce que c'est que la pénitence et la rémission des péchés, ce que c'est que la régénération, ce que c'est que le baptême et le sacrement de la sainte Cène, ce que c'est que le Seigneur, ce que c'est que la rédemption et le salut, il n'a point la vraie science ou la sagesse, s'il ne fuit pas les maux comme péchés; car ce sont en lui des connoissances sans vie, parce qu'elles sont seulement de son entendement, et qu'elles ne sont pas en même temps de sa volonté : de telles connoissances périssent avec le temps, par la raison expliquée n° 15; aussi, après la mort, l'homme lui-même les rejette, parce qu'elles ne s'accordent pas avec l'amour de sa volonté. Néanmoins, ces connoissances sont extrêmement nécessaires, parce qu'elles

enseignent comment l'homme doit agir; et quand il les pratique, alors elles vivent en lui, mais non auparavant.

28. La Parole enseigne, dans un grand nombre de passages, les vérités qui viennent d'être exposées. Je n'en rapporterai que quelques-uns. La Parole enseigne que personne ne peut être dans le bien et en même temps dans le mal, ou, ce qui est la même chose, que nul ne peut être, quant à l'âme, dans le ciel et en même temps dans l'enfer. Elle enseigne cette vérité en ces termes : « *Nul ne peut servir deux maîtres, car ou il haïra l'un et aimera l'autre, ou il s'attachera à l'un et méprisera l'autre. Vous ne pouvez servir Dieu et Mammone.* » Matth. vi. 24. « *Comment pouvez-vous dire de bonnes choses, tandis que vous êtes méchans? La bouche parle de l'abondance du cœur; l'homme bon fait sortir de bonnes choses du bon trésor de son cœur; et l'homme méchant fait sortir de mauvaises choses de son mauvais trésor.* » Matth. xii. 34. 35. « *Le bon arbre ne fait point de mauvais fruit, et le mauvais arbre ne fait point de bon fruit. Tout arbre est connu par son propre fruit; car les figues ne se cueillent point sur les épines, et on ne vendange pas le raisin sur les ronces.* » Luc, vi. 43. 44.

29. La Parole enseigne que nul ne peut faire le bien par lui-même, mais par le Seigneur. « *Jésus dit : Je suis la vigne, et mon père en est le vigneron; il retranche toute branche qui ne porte point de fruit en moi; mais il émondera toute branche portant du fruit, afin qu'elle porte encore davantage de fruits. Demeurez en moi, et je demeurerai en vous aussi. Comme la branche ne peut porter du fruit par elle-même, à moins qu'elle ne demeure attachée à la vigne, il en est de même pour vous si vous ne demeurez en moi. Je suis la vigne, vous êtes les branches. Celui qui demeure en moi, et en qui je demeure, celui-là porte beaucoup de fruit, parce que sans moi vous ne pouvez rien faire. Si quelqu'un ne demeure pas en moi, il sera jeté dehors comme une branche qui est séchée, ramassée, jetée au feu et brûlée.* » Jean, xv. 1. 6.

30. La Parole enseigne, dans les passages suivans, que tant que l'homme n'est pas purifié de ses maux, ses biens ne sont pas des biens, sa piété n'est pas de la piété, et qu'il n'a point la sagesse, et que le contraire a lieu lorsqu'il est purifié. « *Malheur à vous, scribes et pharisiens, hypocrites, parce que vous vous rendrez semblables à des sépulcres blanchis, qui paroissent*

beaux au-dehors, tandis qu'intérieurement ils sont remplis d'os de morts et de pourriture; il en est de même de vous, qui au dehors paroissez justes, tandis qu'intérieurement vous êtes pleins d'hypocrisie et d'iniquité. Malheur à vous qui nettoyez l'extérieur de la coupe et du plat, et dont les intérieurs sont pleins de rapines et d'intempérance. Pharisien aveugle, nettoyez d'abord l'intérieur de la coupe et du plat, afin que le dehors soit net aussi. « Matth. XXIII. 25. 28. « Écoutez la parole de Jéhovah, princes de Sodome; écoutez la loi de notre Dieu, peuple de Gomorre. Que m'importe la multitude de vos sacrifices! Ne continuez plus à me présenter vos vaines offrandes; vos parfums me sont en abomination, ainsi que votre nouvelle lune et votre sabbat : je ne peux souffrir l'iniquité. Mon âme déteste vos nouvelles lunes et vos autres fêtes. C'est pourquoi, quand vous étendez vers moi vos mains, je détourne mes yeux de vous : quand vous multipliez vos prières, je ne vous écoute pas, car vos mains sont pleines de sang. Lavez-vous, purifiez-vous; éloignez de devant mes yeux la malice de vos œuvres, cessez de faire le mal. Alors, quand vos péchés seroient comme l'écarlate, ils deviendront blancs comme la neige, et quand ils séroient rouges, ils deviendront comme la laine. » Isaïe, I. 10. 18. En somme, le sens de ces paroles est que, si l'homme ne fuit pas les maux, toutes les cérémonies de son culte ne sont pas bonnes, non plus que toutes ses œuvres, car il y est dit : « Je ne puis souffrir l'iniquité; purifiez-vous, éloignez la malice de vos œuvres, cessez de faire le mal. » On lit aussi dans Jérémie : « Que chacun revienne de sa mauvaise voie, et rendez vos œuvres bonnes. » XXXV. 15.

La Parole enseigne, dans Isaïe, que ceux qui sont dans cet état n'ont pas la sagesse. « Malheur à ceux qui sont sages à leurs propres yeux, et à ceux qui sont intelligens à leurs propres regards. » V. 21. « La sagesse des sages et l'intelligence des intelligens périra. Malheur à ceux qui ont une sagesse profonde, et dont les œuvres s'opèrent dans les ténèbres. » XXIX. 14. 15. « Malheur à ceux qui descendent en Égypte pour y trouver du secours; qui mettent leur appui dans leurs chevaux, et qui placent leur confiance dans leurs chars à cause de la multitude, et dans les cavaliers à cause de leur force, mais qui ne portent pas leurs regards vers le saint d'Israël, et ne cherchent pas Jéhovah. Mais il s'élévera contre la maison des pervers et contre le secours de ceux qui opèrent l'iniquité; car l'Égypte est homme et n'est point Dieu, et ses chevaux sont chair et non esprit. » XXXI, 1 à 3. C'est ainsi qu'est décrite l'intelligence propre : l'Égypte est la science, le cheval est l'entendement qui en vient; le char est la doctrine qui vient de l'entendement, le cavalier est l'intelligence qui dérive de la doctrine. Il est dit de tous : Malheur à ceux qui ne portent pas leurs regards vers le saint d'Israël et qui ne cherchent pas Jéhovah. Leur destruction, par les maux, est désignée par ces paroles : Il s'élévera contre la maison des pervers et contre le secours de ceux qui opèrent l'iniquité. Que cette science, cet entendement, cette doctrine et cette intelligence viennent du propre de l'homme, et que par conséquent il n'y a point de vie en elles; c'est ce qui est désigné par ces mots : l'Égypte est homme et non Dieu; ses chevaux sont chair et non esprit. L'homme et la chair sont le propre de l'homme, Dieu et l'esprit sont la vie par le Seigneur, les chevaux de l'Égypte sont la propre intelligence. Il y a dans la Parole plusieurs autres passages semblables sur l'intelligence par soi, et sur l'intelligence par le Seigneur, lesquels ne peuvent être compris que par le sens spirituel.

Que personne n'est sauvé par les bonnes œuvres venant de soi, parce qu'elles ne sont pas de bonnes œuvres, c'est ce qui est évident par les passages suivans : « *Tous ceux qui me disent: Seigneur! Seigneur! n'entreront pas dans le royaume des cieux; mais celui-là y entrera, qui fera la volonté de mon père. Plusieurs me diront en ce jour : Seigneur! Seigneur! n'avons-nous pas prophétisé en votre nom? n'avons-nous pas chassé les démons en votre nom? et n'avons-nous pas fait plusieurs prodiges en votre nom? Mais alors je leur dirai ouvertement : Je ne vous connois point; retirez-vous de moi,* OUVRIERS D'INIQUITÉ. » Matth. VII. 21 à 23. « *Alors vous commencerez à vous présenter et à frapper à la porte, en disant : Seigneur, ouvrez-nous; et vous commencerez à dire : Nous avons mangé et bu en votre présence; vous avez enseigné dans nos places publiques; mais il répondra : Je vous le dis, je ne sais d'où vous êtes; éloignez-vous de moi,* OUVRIERS D'INIQUITÉ. » Luc, XIII. 25. 26. 27. Car ils sont semblables au pharisien « qui prioit debout dans le temple, en disant qu'il n'étoit pas, ainsi que le reste des hommes, voleur, injuste, adultère; qu'il jeûnoit deux fois la semaine, et qu'il donnoit les dimes de tout ce qu'il possédoit. » Luc, XVIII.

11 à 14. Ce sont aussi ceux qui sont appelés « *serviteurs in-utiles.* » Luc, XVII. 10.

31. C'est une vérité que nul homme ne peut faire de lui-même le bien qui soit bien; mais détruire par là tout bien de la charité que fait l'homme qui fuit les maux comme péchés, c'est une chose énorme; car c'est diamétralement contraire à la Parole, qui ordonne à l'homme de le faire; c'est contraire aux commandemens de l'amour pour Dieu et de l'amour envers le prochain, desquels deux commandemens dépendent la loi et les prophètes; c'est flétrir et supplanter toute la religion; car chacun sait que la religion est de faire le bien, et que chacun est jugé selon ses actions. Tout homme est tel qu'il peut fuir les maux comme de lui-même, par la puissance du Seigneur, s'il l'implore; et ce qu'il fait ensuite est le bien par le Seigneur.

Autant quelqu'un fuit les maux comme péchés, autant il aime les vérités.

32. Il y a deux choses universelles qui procèdent du Seigneur; ce sont le divin bien et la divine vérité. Le divin bien appartient à son divin amour, et la divine vérité appartient à sa divine sagesse. Ces deux choses sont une dans le Seigneur, et conséquemment elles procèdent du Seigneur comme une seule; mais elles ne sont pas reçues comme une par les anges dans les cieux, et par les hommes sur les terres. Il y a des anges et des hommes qui reçoivent plus de la divine vérité que du divin bien, et il y en a qui reçoivent plus du divin bien que de la divine vérité. Voilà pourquoi les cieux sont distingués en deux royaumes, dont l'un est appelé le royaume céleste, et l'autre est appelé le royaume spirituel. Les cieux qui reçoivent plus du divin bien, constituent le royaume céleste; ceux qui reçoivent plus de la divine vérité constituent le royaume spirituel. Voyez dans l'ouvrage DU CIEL ET DE L'ENFER, nᵒˢ 20 à 28, la description de ces deux royaumes. Mais néanmoins les anges de tous les cieux sont dans la sagesse et dans l'intelligence, autant que le bien en eux est uni avec la vérité : le bien qui n'est pas uni avec la vérité n'est point pour eux le bien; de même, la vérité qui n'est pas unie avec le bien n'est point pour eux la vérité. De là on voit évidemment que le bien, conjoint à la vérité, fait l'amour et la sagesse chez l'ange et chez l'homme; et comme

l'ange est ange par l'amour et la sagesse en lui, et l'homme semblablement, il est encore évident que le bien conjoint à la vérité fait que l'ange est ange du ciel, et que l'homme est homme de l'Église.

33. Puisque le bien et la vérité sont un dans le Seigneur, et qu'ils procèdent de lui comme un, il s'ensuit que le bien aime la vérité, et que la vérité aime le bien, au point que l'un et l'autre veulent être unis. Il en est de même de leurs opposés. Le mal aime le faux, le faux aime le mal, et ils veulent être unis. Dans les articles suivans, la conjonction du bien et de la vérité sera appelée le mariage céleste, et la conjonction du mal et du faux sera appelée le mariage infernal.

34. La conséquence de ce qui vient d'être dit est, qu'autant quelqu'un fuit les maux comme péchés, autant il aime les vérités; car autant il est dans le bien, ainsi qu'il a été montré dans le précédent article : et, d'un autre côté, qu'autant quelqu'un ne fuit pas les maux comme péchés, autant il n'aime pas les vérités, parce qu'autant il n'est pas dans le bien.

35. Il se peut que l'homme qui ne fuit pas les maux comme péchés aime les vérités; mais il ne les aime pas parce qu'elles sont vérités; il les aime seulement parce qu'elles servent à sa réputation, qui lui procure l'honneur et le profit; c'est pourquoi, si ces vérités ne lui servent point, il ne les aime point.

36. Le bien appartient à la volonté, la vérité appartient à l'entendement; de l'amour du bien dans la volonté procède l'amour de la vérité dans l'entendement; de l'amour de la vérité procède la perception de la vérité; de la perception de la vérité procède la pensée de la vérité : de cet amour, de cette perception et de cette pensée de la vérité procède la reconnoissance de la vérité, qui est la foi dans son sens légitime. Il sera démontré dans le TRAITÉ SUR LE DIVIN AMOUR ET LA DIVINE SAGESSE, que telle est la progression de l'amour du bien à la foi.

37. Puisque le bien n'est pas bien à moins qu'il ne soit conjoint à la vérité, ainsi qu'il a été dit, conséquemment le bien n'existe point auparavant, et cependant il veut continuellement exister; c'est pourquoi, pour qu'il existe, il désire et s'acquiert des vérités; c'est d'elles que viennent sa nutrition et sa formation : voilà pourquoi autant quelqu'un est dans le bien, autant il aime les vérités, et conséquemment autant il fuit les maux comme péchés; car autant il est dans le bien.

38. Autant quelqu'un est dans le bien, et par le bien aime les vérités, autant il aime le Seigneur; parce que le Seigneur est le bien même et la vérité même; c'est pourquoi le Seigneur est en l'homme dans le bien et dans la vérité : si la vérité est aimée par le bien, alors le Seigneur est aimé, et non autrement. C'est ce que le Seigneur enseigne en ces termes : « *Celui qui a mes préceptes et les met en pratique, c'est celui-là qui m'aime; celui qui ne m'aime point n'observe point mes paroles.* » Jean, XIV: 21. 24. « *Si vous observez mes commandemens, vous demeurerez dans mon amour.* » Jean, XV. 10. Les paroles, les préceptes et les commandemens du Seigneur sont les vérités.

39. Que le bien aime la vérité, c'est ce qui peut être éclairci par des comparaisons avec le prêtre, le militaire, le commerçant et l'artisan. Si le prêtre est dans le bien du sacerdoce, qui est de pourvoir au salut des âmes, d'enseigner le chemin qui mène au ciel, et de conduire ceux qu'il enseigne; ce prêtre, selon qu'il est dans ce bien, et ainsi par son amour et son désir, s'acquiert les vérités qu'il doit enseigner, et par lesquelles il doit conduire; mais le prêtre qui n'est pas dans le bien du sacerdoce, mais dans le plaisir de sa fonction résultant de l'amour de soi-même et du monde, qui est son seul bien, s'acquiert aussi, par son amour et son désir, ces vérités en abondance, selon l'inspiration de son plaisir, qui est son bien. Si le militaire est dans l'amour de la guerre, et s'il sent le bien dans la défense de sa patrie et dans sa réputation, par ce bien, et selon ce bien, il s'acquiert la science de son état, et, s'il est officier ou général, il s'en acquiert l'intelligence : ce sont là comme les vérités, dont le plaisir de son amour, qui est son bien, est nourri et est formé. Si le commerçant est attaché au commerce par son amour, il y puise avec volupté toutes les choses qui, comme moyens, entrent dans cet amour et le composent : ce sont là aussi comme ses vérités, parce que le commerce est son bien. Si l'artisan s'applique avec zèle à son ouvrage, s'il aime son ouvrage comme le bien de sa vie, il achète des instrumens, et, par le secours de tous les moyens qui tiennent à sa science, il se perfectionne, et il fait son ouvrage de telle sorte, qu'il est son bien. Par ces comparaisons, il est évident que les vérités sont les moyens par lesquels le bien de l'amour existe, et devient quelque chose; et, conséquemment, que le bien aime les vérités, afin qu'il existe. De là vient que dans la Parole, faire

(ou mettre en pratique) la vérité, signifie faire que le bien existe; c'est ce qu'on doit entendre par *faire la vérité*. Jean, III. 21; *faire les paroles du Seigneur*, Luc, VI. 47; *garder ses préceptes*, Jean, XIV. 24; *faire ses instructions*, Matth. VII. 24; *faire la parole de Dieu*, Luc, VIII. 21; *faire les commandemens et les lois de Dieu*, Lév. XVIII. 5. C'est aussi *faire le bien et faire du fruit*; car le bien et le fruit est ce qui existe.

40. Que le bien aime la vérité, et veut lui être conjoint, c'est ce qui peut aussi être éclairci par comparaison avec l'aliment et la boisson, avec le pain et le vin : il faut qu'ils soient ensemble. L'aliment ou le pain seul ne fait rien dans le corps pour sa nutrition, mais avec l'eau ou le vin il nourrit; c'est pourquoi l'un appète et désire l'autre. Aussi dans la Parole, dans son sens spirituel, par l'aliment et le pain, il faut entendre le bien, et par l'eau et le vin il faut entendre la vérité.

41. Maintenant, d'après tout ce qui a été dit, on doit voir manifestement que celui qui fuit les maux comme péchés, aime les vérités et les désire; et que plus il fuit les maux, plus il aime et désire les vérités, parce que plus il est dans le bien. C'est par là qu'il vient dans le mariage céleste, qui est le mariage du bien et de la vérité, dans lequel est le ciel, et dans lequel doit être l'Église.

Autant quelqu'un fuit les maux comme péchés, autant il
a la foi, et autant il est spirituel.

42. La foi et la vie sont distinctes entre elles comme penser et faire; et parce que penser appartient à l'entendement, et faire appartient à la volonté, il s'ensuit que la foi et la vie sont distinctes entre elles, comme l'entendement et la volonté. Celui qui connoît la distinction de l'entendement et de la volonté, connoît aussi la distinction de la foi et de la vie; et celui qui connoît la conjonction de l'entendement et de la volonté, connoît aussi la conjonction de la foi et de la vie. C'est pourquoi il est essentiel de dire ici quelque chose sur l'entendement et la volonté.

43. Il y a dans l'homme deux facultés, dont l'une est appelée *la volonté*, et l'autre est appelée *l'entendement*. Elles sont distinctes entre elles, mais elles sont créées de sorte qu'elles sont un; et quand elles sont un, elles sont appelées *l'esprit* (*mens*):

c'est pourquoi elles sont l'esprit humain, ou *l'âme*, et toute la vie de l'homme y est. Ainsi que dans l'univers toutes les choses qui sont selon l'ordre se rapportent au bien et à la vérité ; de même dans l'homme, qui est un petit univers ou le microcosme, toutes les choses se rapportent à la volonté et à l'entendement ; car le bien en l'homme est de sa volonté, et la vérité en lui est de son entendement. En effet, ces deux facultés sont leurs réceptacles et leurs sujets. La volonté est le réceptacle et le sujet de toutes les choses qui appartiennent au bien, et l'entendement est le réceptacle et le sujet de toutes les choses qui appartiennent à la vérité. Les biens et les vérités en l'homme ne sont point autre part ; conséquemment, l'amour et la foi ne sont point autre part, parce que l'amour appartient au bien, et le bien appartient à l'amour ; et de même là foi appartient à la vérité, et la vérité appartient à la foi. Rien n'est plus essentiel à savoir, que de quelle manière la volonté et l'entendement font un esprit : ils font un esprit de la même manière que le bien et la vérité font un ; car il y a entre la volonté et l'entendement un mariage semblable à celui qui est entre le bien et la vérité. Dans le précédent article, il a été dit quelques mots sur la qualité de ce mariage : voici ce qu'il est nécessaire d'ajouter ici, pour plus grand éclaircissement. Comme le bien est l'être même d'une chose, et comme la vérité est l'exister de la chose résultant de l'être de cette chose, ainsi la volonté dans l'homme est l'être même de sa vie, et l'entendement est l'exister de cette vie résultant de son être ; car le bien, qui est de la volonté, se forme dans l'entendement, et s'y manifeste d'une certaine manière.

44. Il a été démontré, n°ˢ 27 et 28, que l'homme peut savoir beaucoup de choses, les penser, les entendre, et cependant n'être pas sage. Or comme il appartient à la foi de savoir et de penser, et bien plus encore de comprendre que telle ou telle chose est ainsi ; il s'ensuit que l'homme peut croire qu'il a la foi, quoiqu'il ne l'ait pas : la raison qu'il ne l'a pas, c'est qu'il est dans le mal de la vie ; et le mal de la vie ne peut jamais être un avec la vérité de la foi. Le mal de la vie détruit la vérité de la foi, parce que le mal de la vie appartient à la volonté, et que la vérité de la foi appartient à l'entendement. La volonté conduit l'entendement, et fait qu'il est un avec elle ; c'est pourquoi, s'il y a quelque chose dans l'entendement qui ne s'accorde pas avec

la volonté, cette chose, quand l'homme est abandonné à lui-même, et qu'il pense d'après son mal et son amour, cette chose, dis-je, ou chasse alors la vérité qui est dans l'entendement, ou, par falsification, la contraint à ne faire qu'un avec la volonté. Il en est tout autrement chez ceux qui sont dans le bien de la vie. Ceux-là, abandonnés à eux-mêmes, pensent d'après le bien, et aiment la vérité qui est dans leur entendement, parce qu'elle s'accorde avec le bien de leur volonté : c'est ainsi que se fait la conjonction de la foi et de la vie, selon qu'est la conjonction de la vérité et du bien, et l'une et l'autre conjonction sont selon la conjonction de l'entendement et de la volonté.

45. Il suit de là qu'autant l'homme fuit les maux comme péchés, autant il a la foi, parce qu'autant il est dans le bien, ainsi qu'il a été démontré ci-dessus. Cela est aussi confirmé par son contraire ; savoir : que celui qui ne fuit pas les maux comme péchés, n'a pas la foi, parce qu'il est dans le mal, et que intérieurement le mal déteste la vérité ; à l'extérieur il peut jouer le rôle d'ami, la souffrir ; il peut aimer qu'elle soit dans l'entendement : mais quand l'extérieur est enlevé, ce qui arrive après la mort, alors d'abord il rejette la vérité, son amie dans le monde ; ensuite il nie qu'elle soit la vérité, et enfin il l'a en aversion.

46. La foi de l'homme méchant est une foi intellectuelle, en qui il n'existe rien de bien venant de la volonté ; ainsi c'est une foi morte, qui est comme la respiration pulmonaire, sans son âme, venant du cœur : aussi l'entendement correspond au poulmon, et la volonté correspond au cœur. Cette foi peut encore être comparée à une belle prostituée, ornée de vêtemens de pourpre et de bijoux d'or, et qui intérieurement est infectée d'une maladie vénérienne : or, la prostituée correspond à la falsification de la vérité ; c'est pourquoi, dans la Parole, elle la signifie. Cette foi est aussi comme un arbre abondant en feuilles et ne donnant aucun fruit, et que coupe ou arrache le jardinier : l'arbre signifie l'homme, ses feuilles et ses fleurs signifient les vérités de la foi, et les fruits le bien de l'amour. Mais la foi, dans un entendement où existe le bien venant de la volonté, est très-différente ; c'est une foi vive : elle est comme la respiration pulmonaire en qui est l'âme qui vient du cœur, comme une belle épouse aimable aux yeux de son mari par sa chasteté, et comme un arbre chargé de fruits.

47. Il y a plusieurs choses qui semblent être du ressort de la foi seule, telles sont celles-ci : qu'il y a un Dieu ; que le Seigneur, qui est ce Dieu, est le rédempteur et le sauveur ; qu'il y a un ciel et un enfer ; qu'il y a une vie après la mort, et beaucoup d'autres dont on ne dit pas qu'il faut les pratiquer, mais qu'il faut les croire. Ces vérités de la foi sont mortes en l'homme qui est dans le mal, mais vives en l'homme qui est dans le bien. La raison en est que l'homme qui est dans le bien, non-seulement fait bien d'après sa volonté, mais aussi pense bien d'après son entendement, non-seulement devant le monde, mais aussi devant lui-même, quand il est seul : il en est tout autrement de celui qui est dans le mal.

48. Il a été dit que ces choses paroissent être du ressort de la foi seule ; mais la pensée de l'entendement tire son exister de l'amour de la volonté, qui est l'être de la pensée dans l'entendement, comme on peut le voir n° 43 ; car ce que l'homme veut par amour, il le veut faire, il y veut penser, il le veut comprendre, il en veut parler ; ou, ce qui est la même chose, ce que l'homme aime de volonté, il aime à le faire, il aime à y penser, il aime à le comprendre, il aime à en parler. Ajoutez à cela que quand l'homme fuit le mal comme péché, il est dans le Seigneur, ainsi qu'il a été démontré ci-dessus, et que le Seigneur opère toutes choses en lui ; c'est pourquoi le Seigneur répondit à ceux qui lui demandoient *ce qu'ils devoient faire pour opérer les œuvres de Dieu : Voici quel est l'œuvre de Dieu ; c'est que vous croyiez en celui qu'il a envoyé.* Jean, VI. 28. Croire au Seigneur, ce n'est pas seulement penser qu'il est le Seigneur, mais aussi mettre ses paroles en pratique, comme il l'enseigne lui-même ailleurs.

49. Que ceux qui sont dans les maux n'ont pas la foi, quoiqu'ils croient l'avoir, c'est ce qui m'a été montré sur des hommes tels dans le monde spirituel. Ils furent transportés dans une société céleste, d'où le spirituel de la foi des anges entra dans les intérieurs de la foi de ceux qui y avoient été transportés ; alors ils sentirent qu'en eux étoit seulement le naturel ou l'externe de la foi, et non son spirituel ou son interne ; c'est pourquoi ils avouèrent qu'ils n'avoient absolument rien de la foi, et qu'ils s'étoient persuadés, dans le monde, que penser qu'une chose est telle ou telle, c'étoit croire ou avoir la foi. Mais la foi de ceux qui ne sont pas dans le mal fut autrement perçue.

50. Par là on peut voir ce que c'est que la foi spirituelle, et ce que c'est que la foi non spirituelle; que la foi spirituelle est chez ceux qui ne font pas de péchés; car ceux qui ne font point de péchés font de bonnes œuvres, non par eux-mêmes, mais par le Seigneur; voyez n°s 18 à 31; et par la foi ils deviennent spirituels: en eux la foi est la vérité. C'est ce que le Seigneur enseigne ainsi : « *Le sujet du jugement est que la lumière est venue dans le monde; mais les hommes ont mieux aimé les ténèbres que la lumière; car leurs œuvres étoient mauvaises. Quiconque fait de mauvaises œuvres hait la lumière, et ne vient point à la lumière, de peur que ses œuvres ne soient condamnées; mais celui qui fait la vérité vient dans la lumière, afin que ses œuvres soient manifestées, parce qu'elles ont été faites en Dieu.* » Jean, III. 19. 20. 21.

51. Ce qui a été dit jusqu'à présent dans les articles ci-dessus est confirmé dans la Parole par ces passages : « *L'homme bon tire le bien du bon trésor de son cœur; mais l'homme méchant tire le mal du mauvais trésor de son cœur; car la bouche parle de l'abondance du cœur.* » Luc, VI. 45. Matth. XII. 35. Dans la Parole, le cœur désigne la volonté de l'homme; et comme l'homme pense et parle selon sa volonté, il est dit que la bouche parle de l'abondance du cœur. « *Ce n'est pas ce qui entre dans la bouche qui rend l'homme impur; mais ce qui sort de son cœur, c'est là ce qui rend l'homme impur.* » Matth. XV. 11. Le cœur encore ici signifie la volonté. « *Jésus dit de la femme pécheresse qui lui avoit lavé les pieds avec des parfums : Ses péchés lui sont remis, parce qu'elle a beaucoup aimé; et ensuite il lui dit : Votre foi vous a sauvée.* » Luc, VII. 46. 50. Il est évident, par ce passage, que quand les péchés sont remis, conséquemment quand ils ne sont plus, la foi sauve. Ceux qui ne sont pas dans le propre de leur volonté, et conséquemment qui ne sont pas dans le propre de leur entendement, c'est-à-dire ceux qui ne sont pas dans le mal, et par lui dans le faux, sont appelés fils de Dieu, et nés de Dieu; et ce sont ceux qui croient au Seigneur. C'est ce que le Seigneur enseigne. Jean, I. 12. 13. Ce passage a été expliqué à la fin du n° 17.

52. La conclusion de tout ce qui précède est qu'il n'y a pas en l'homme un grain de vérité de plus que ce qu'il y a de bien, ni, par conséquent, un grain de foi de plus que ce qu'il y a de vie en lui. Il y a bien dans l'entendement la pensée que telle chose est, mais non la conviction qui est la véritable foi,

à moins que le consentement ne se trouve dans la volonté : ainsi la foi et la vie marchent d'un pas égal. De là il est évident qu'autant quelqu'un fuit les maux comme péchés, autant il à la foi, et autant il est spirituel.

Le Décalogue enseigne quels maux sont les péchés.

53. Quelle est la nation, sur ce globe terrestre, qui ne sait pas que c'est un mal de voler, de commettre l'adultère, de tuer, et de faire de faux témoignages ? Si les nations ne savoient pas cela, et si par les lois elles ne défendoient pas de tels crimes, c'en seroit fait des hommes; car les sociétés, les républiques et les royaumes tomberoient sans ces lois. Qui est-ce qui peut présumer que la nation israélite ait été stupide par-dessus toutes les autres, au point d'ignorer que ces actions étoient des maux ? C'est pourquoi on pourroit s'étonner de ce que ces lois, universellement connues sur la terre, ont été promulguées avec un appareil si miraculeux, du haut du mont Sinaï, par Jéhovah lui-même. Mais, mon cher lecteur, écoutez : elles ont été promulguées avec un appareil si miraculeux, et au milieu de tant de prodiges, afin qu'on sût que ces lois étoient non-seulement des lois civiles et des lois morales, mais aussi des lois spirituelles; afin qu'on sût qu'agir contre elles non-seulement c'étoit malfaire contre le citoyen et contre la société, mais que c'étoit aussi pécher contre Dieu; c'est pourquoi ces lois, par la promulgation qui en fut faite par Jéhovah même, du haut du mont Sinaï, ont été faites lois de religion. Car il est évident que tout ce que Jéhovah-Dieu commande, il le commande afin qu'il appartienne à la religion; et qu'on doit le faire pour Dieu lui-même, et pour l'homme, afin qu'il soit sauvé.

54. Ces lois étoient si saintes, que rien n'étoit plus saint, parce qu'elles furent les prémices de la Parole, et conséquemment les prémices de l'Église qui alloit être établie par le Seigneur chez la nation israélite; et parce qu'elles étoient, dans un court sommaire, le complément de toute la religion, par laquelle se fait la conjonction du Seigneur avec l'homme et de l'homme avec le Seigneur.

55. Il est constant qu'elles étoient très-saintes, parce que Jéhovah, c'est-à-dire le Seigneur, descendit lui-même sur le mont Sinaï, au milieu du feu et avec les anges; et du sommet

de cette montagne les promulgua de vive voix; que pendant
trois jours le peuple se prépara pour voir et pour entendre;
que la montagne fut environnée de barrières, afin que qui que
ce soit ne s'approchât et ne mourût; que ni les prêtres ni les
anciens du peuple n'en approchèrent, mais Moïse seul; que ces
lois furent gravées du doigt de Dieu sur deux tables de pierre;
que Moïse, quand il les descendit la seconde fois du haut de
la montagne, avoit le visage rayonnant; que par la suite elles
furent déposées dans l'arche, et que cette arche fut placée dans
la partie la plus intérieure du tabernacle; que sur cette arche
fut mis un propitiatoire, et sur le propitiatoire furent posés
des chérubins d'or; que cette partie la plus intérieure étoit la
chose la plus sainte de leur Église, et fut appelée saint des
saints; qu'en dehors du voile qui la renfermoit étoient déposés
divers objets qui représentoient les choses saintes du ciel et de
l'Église: c'étoit le chandelier à sept lampes d'or, l'autel d'or,
des parfums et la table revêtue d'or, sur laquelle étoient les
pains des faces, avec des rideaux tissus de fin lin, de pourpre
et d'écarlate. La sainteté de tout ce tabernacle venoit unique-
ment de la loi qui étoit dans l'arche. Ce fut à cause de la sainteté du tabernacle, par la loi renfermée dans l'arche, que tout
le peuple israélite, par le commandement du Seigneur, campoit autour du tabernacle, en ordre, selon les tribus, et marchoit dans ce même ordre derrière lui, et que, alors, une nuée
reposoit sur lui pendant le jour, et une colonne de feu pendant
la nuit. Ce fut aussi à cause de la sainteté de cette loi, et de la
présence du Seigneur dans elle, que le Seigneur parloit à Moïse
sur le propitiatoire entre les chérubins, et que l'arche étoit appelée Jéhovah, et qu'il n'étoit pas permis à Aaron d'entrer dans
l'intérieur du voile qu'avec des sacrifices et la fumée des parfums. Comme cette loi étoit la sainteté même de l'Église, c'est
pourquoi l'arche fut introduite dans Sion par David, et ensuite
elle fut placée au milieu du temple de Jérusalem, et faisoit son
sanctuaire. Ce fut encore à cause de la présence du Seigneur
dans cette loi et autour d'elle, que des miracles furent opérés
par l'arche dans laquelle étoit la loi. Ainsi les eaux du Jourdain se séparèrent, et, tandis que l'arche reposoit au milieu
du lit du Jourdain, tout le peuple passa à pied sec; ainsi les
murs de Jéricho tombèrent pendant que l'arche étoit portée
autour; ainsi Dagon, dieu des Philistins, tomba devant elle,

et ensuite fut trouvé gisant à la porte du temple, la tête et les mains séparées du tronc. Ainsi, pour avoir regardé l'arche, plusieurs milliers de Bethschemites furent frappés de mort. Je passe sous silence beaucoup d'autres prodiges. Tous ces miracles procédoient de la seule présence du Seigneur dans ses dix paroles, qui sont les commandemens du Décalogue.

56. Une autre raison de cette grande puissance et de cette grande sainteté de cette loi, est qu'elle étoit le sommaire de toute la religion; car elle consistoit en deux tables, dont l'une contient toutes les choses qui ont rapport à Dieu, et l'autre contient toutes les choses qui ont rapport à l'homme. C'est pourquoi les commandemens de cette loi sont appelés les dix paroles : ils sont ainsi appelés, parce que le nombre dix signifie toutes choses. On verra, dans l'article suivant, comment cette loi est le sommaire de toute la religion.

57. Comme par cette loi il y a conjonction du Seigneur avec l'homme, et de l'homme avec le Seigneur, elle est appelée ALLIANCE et TÉMOIGNAGE; alliance, parce qu'elle conjoint; et témoignage, parce qu'elle atteste; car l'alliance signifie la conjonction, et le témoignage signifie son attestation : c'est pourquoi ces tables étoient au nombre de deux, l'une pour le Seigneur, l'autre pour l'homme. La conjonction est faite par le Seigneur, mais c'est quand l'homme observe toutes les choses qui sont écrites sur sa table; car le Seigneur est continuellement présent, opère et veut entrer; mais l'homme, par son libre arbitre, qui lui vient du Seigneur, doit ouvrir. En effet, le Seigneur dit : « *Voilà que je suis à la porte, et je frappe; si quelqu'un entend ma voix, et s'il ouvre la porte, j'entrerai chez lui; je souperai avec lui, et il soupera avec moi.* » Apoc. III. 20.

58. Dans la seconde table, qui est pour l'homme, il n'est pas dit que l'homme fera tel ou tel bien; mais il est dit qu'il ne fera pas tel ou tel mal. Ainsi il y est dit : Tu ne tueras pas, tu ne commettras pas d'adultère; tu ne voleras pas, tu ne feras pas de faux témoignages, tu ne convoiteras pas. La raison de cela est que l'homme ne peut faire par lui-même aucun bien; mais quand il ne fait pas le mal il fait le bien, non par lui, mais par le Seigneur. Que l'homme peut fuir les maux comme de lui-même par la puissance du Seigneur, s'il l'implore, c'est ce qu'on verra dans les articles suivans.

59. Tout ce qui a été dit ci-dessus, n° 55, sur la promulgation,

la sainteté et la puissance de cette loi, se trouve dans la Parole, aux passages que je vais citer.

Que Jéhovah descendit sur le mont Sinaï, au milieu du feu; qu'alors la montagne fut environnée de fumée et trembla; qu'une nuée épaisse et des éclairs se firent voir, les tonnerres et le son de la trompette se firent entendre. Exod. xix. 16. 18. Deut. iv. 11. v. 19.

Qu'avant la descente de Jéhovah, le peuple se prépara et se sanctifia pendant trois jours. Exod. xix. 10. 11. 15.

Que la montagne fut environnée de barrières, de crainte que qui que ce soit n'en approchât ou ne la touchât, et ne mourût; que la même défense étoit pour les prêtres, et que Moïse monta seul sur la montagne. Exod. xix. 12. 13. 20 à 23. xxiv. 1. 2.

Que la loi fut promulguée du haut du mont Sinaï. Exod. xx. 2 à 14. Deut. v. 6 à 18.

Que cette loi fut écrite du doigt de Dieu sur deux tables de pierre. Exod. xxxi. 18. xxxii. 15. 16. Deut. ix. 10.

Que Moïse, quand il apporta les tables du haut de la montagne, la seconde fois, avoit le visage rayonnant de lumière. Exod. xxxiv. 29 à 35.

Que les tables furent déposées dans l'arche. Exod. xxv. 16. xl. 20. Deut. x. 5. 1. Rois, viii. 9.

Que sur l'arche fut placé le propitiatoire, et sur le propitiatoire furent posés des chérubins d'or. Exod. xxv. 17 à 21.

Que l'arche, avec son propitiatoire et ses chérubins, faisoit la partie la plus intérieure du tabernacle; que le chandelier d'or, la table d'or des parfums et la table d'or sur laquelle étoient posés les pains des faces, faisoient l'extérieur du tabernacle; et que les dix rideaux de fin lin, de pourpre et d'écarlate, en faisoient le dehors. Exod. xxv. xxvi. xl. 17 à 28.

Que le lieu où fut placée l'arche fut nommé le saint des saints. Exod. xxvi. 33.

Que tout le peuple d'Israël campoit autour du tabernacle, en ordre, selon les tribus, et marchoit dans le même ordre derrière lui. Nomb. ii.

Que sur le tabernacle il y avoit une nuée pendant le jour, et une colonne de feu pendant la nuit. Exod. xl. 38. Nomb. ix. 15. 16 jusqu'à la fin. xiv. 14. Deut. i. 33.

Que le Seigneur parloit avec Moïse au-dessus de l'arche entre les chérubins. Exod. xxv. 22. Nomb. vii. 89.

Que l'arche, par rapport à la loi qui y étoit renfermée, étoit nommée Jéhovah; car Moïse disoit, quand l'arche partoit : Lève-toi, Jéhovah; et quand l'arche s'arrêtoit, il disoit : Reviens, Jéhovah. Nomb. x. 35. 36. ii. Sam. vi. 2. Ps. cxxxii. 7. 8.

Qu'à cause de la sainteté de cette loi, il n'étoit permis à Aaron d'entrer au-dedans du voile qu'avec des sacrifices et la fumée des parfums. Lévit. xvi. 2 à 14.

Que l'arche fut introduite dans Sion par David, avec des sacrifices et des chants de jubilation, et qu'Osa fut frappé de mort pour l'avoir touchée. ii. Sam. vi. 1 à 19.

Que l'arche fut placée au milieu du temple de Jérusalem, dont elle faisoit le sanctuaire. i. Rois, vi. 19. viii. 3 à 9.

Que par la présence et la puissance du Seigneur dans la loi qui étoit déposée dans l'arche, les eaux du Jourdain se séparèrent et le peuple le passa à pied sec, tandis que l'arche se reposoit au milieu de son lit. Jos. iii. 1 à 17. iv. 5 à 20.

Que les murs de Jéricho tombèrent pendant que l'arche étoit portée autour. Jos. vi. 1 à 20.

Que Dagon, dieu des Philistins, tomba prosterné contre terre devant l'arche, et le lendemain fut trouvé gisant, sans tête et sans mains, sur le seuil de la porte du temple. i. Sam. vi. 19.

Que plusieurs milliers de Bethschémites furent frappés de mort, à cause de l'arche. i. Sam. vi. 19.

60. Que les tables de pierre sur lesquelles la loi étoit écrite furent appelées les tables de l'alliance; que par rapport à elles l'arche fut appelée l'arche de l'alliance, et que la loi elle-même étoit appelée l'alliance. Nomb. x. 33. Deut. iv. 13. 23. v. 2. 3. ix. 9. Jos. iii. 12. i. Rois, viii. 19. 21. Apoc. xi. 19. La loi fut appelée alliance, parce que l'alliance signifie la conjonction; c'est pourquoi il est dit du Seigneur qu'*il sera pour alliance au peuple.* Is. xlii. 6. xlix. 9. Que le Seigneur est appelé *l'ange de l'alliance,* Malac. iii. 1; et son sang *le sang de l'alliance.* Matth. xxvi. 27. Zach. ix. 11. Exod. xxiv. 4 à 10. C'est pourquoi la Parole est appelée *l'ancienne alliance et la nouvelle alliance.* Aussi les alliances se font à cause de l'amour, de l'amitié, de l'association, conséquemment, de la conjonction.

61. Que les commandemens de cette loi sont appelés les dix paroles. Exod. xxxiv. 28. Deut. iv. 13. x. 4. Ils sont ainsi nommés, parce que le nombre dix signifie toutes choses, et les

paroles signifient les vérités ; car dans la loi il y a plus de dix paroles. Comme le nombre dix signifie toutes choses, il y avoit dix rideaux au tabernacle, Exod. xxvi. 1 ; c'est pourquoi le Seigneur dit que l'homme qui alloit prendre possession d'un royaume appela dix serviteurs, et leur donna dix mines à faire valoir, Luc, xix. 13 ; c'est pourquoi le Seigneur a comparé le royaume des cieux à dix vierges, Matth. xxv. 1 ; c'est pourquoi, dans la description du dragon, il est dit qu'il avoit dix cornes et dix diadèmes sur les cornes, Apoc. xii. 3 ; de même que la bête montant de la mer, Apoc. xiii. 1, et l'autre bête, Apoc. xvi. 3. 7 ; et aussi la bête décrite par Daniel, vii. 7. 20. 24. La même chose est signifiée par le nombre dix, Lév. xxvi. 26. Zach. viii. 23, et ailleurs. De là les dîmes, par lesquelles est signifiée une part tirée de toutes choses.

Les homicides, les adultères, les vols, les faux témoignages de tout genre, avec la concupiscence qui y porte, sont les maux qu'il faut fuir comme péchés.

62. Il est notoire que la loi promulguée sur le mont Sinaï fut gravée sur deux tables ; que la première table contient tout ce qui a rapport à Dieu, et que la seconde table contient tout ce qui a rapport à l'homme. Il ne paroît pas, dans le sens littéral de la Parole, que la première table contient toutes les choses qui ont rapport à Dieu, et que la seconde contient toutes les choses qui ont rapport à l'homme ; mais toutes ces choses sont dans ces deux tables : aussi sont-elles appelées les dix paroles, qui signifient toutes les vérités en abrégé. Voyez n° 61. Mais il n'est pas possible d'exposer en peu de mots comment toutes les vérités sont dans ces deux tables ; cependant on peut le comprendre en lisant avec attention tout ce qui est rapporté dans LA DOCTRINE SUR L'ÉCRITURE SAINTE. C'est de là que je dis les homicides, les adultères, les vols, les faux témoignages de tout genre.

63. Une espèce de religion a prévalu, annonçant que nul ne peut accomplir la loi. Or, la loi est de ne point tuer, de ne point commettre l'adultère, de ne point voler, et de ne point faire de faux témoignage. Tout homme civil et moral, par sa vie civile et morale, peut accomplir ces préceptes de la loi ; mais cette religion nie qu'il le puisse par la vie spirituelle, d'où

il suit que l'on ne doit pas commettre ces crimes, seulement pour éviter les peines et les pertes dans le monde, et non pour éviter les peines et les pertes après que l'homme a quitté le monde. De là vient que l'homme, en qui cette religion a prévalu, pense que ces crimes sont licites devant Dieu, mais illicites devant le monde. A cause de cette opinion erronée qu'il a puisée dans sa prétendue religion, l'homme est dans la concupiscence qui le porte à tous ces maux, et s'abstient seulement de les faire devant le monde; c'est pourquoi cet homme, quoiqu'il n'ait pas commis dans le monde des homicides, des adultères, des vols, des faux témoignages, néanmoins, après la mort, brûle du désir de les commettre; et même il les commet, lorsque l'externe qu'il a eu dans le monde lui est ôté; car toute concupiscence reste en l'homme après sa mort. Ceux donc qui sont dans ce cas, ne font qu'un avec l'enfer, et ne peuvent qu'avoir le même sort que ceux qui sont en enfer. Combien est différent le sort de ceux qui ne veulent point tuer, ni commettre d'adultère, ni voler, ni porter de faux témoignages, parce que commettre ces crimes est contre Dieu! Ceux-là, après quelques combats entre ces crimes, n'en veulent point et ne désirent point de les commettre : ils disent du fond de leur cœur que ce sont des péchés infernaux et diaboliques en soi, et après la mort, quand l'externe qu'ils ont eu pour le monde leur est ôté, ils ne font qu'un avec le ciel; et comme ils sont dans le Seigneur, ils viennent aussi dans le ciel.

64. Il est généralement connu, dans toute religion, que l'homme doit s'examiner, faire pénitence, et se désister de ses péchés, et que s'il ne le fait pas, il est damné. Voyez n°s 4 à 8. C'est aussi une pratique générale dans tout le monde chrétien d'enseigner le Décalogue, et d'initier, par le Décalogue, les enfans dans la religion chrétienne; car il est dans la main de tous les enfans. Les parens même et les maîtres leur disent que commettre ces crimes c'est pécher contre Dieu, et quand ils parlent aux enfans, ils ne savent leur dire autre chose. Qui peut n'être pas surpris de voir que ces mêmes parens, ces mêmes maîtres et ces mêmes enfans, lorsqu'ils sont devenus adultes, pensent qu'ils ne sont pas sous cette loi, et qu'ils ne peuvent accomplir ses commandemens? Ce qui les induit à penser ainsi, c'est parce qu'ils aiment les maux, et en même temps les faussetés qui favorisent ces maux : tels sont ceux qui ne regardent pas

les commandemens du Décalogue comme préceptes de la religion. On verra dans *la Doctrine sur la foi*, que ces mêmes personnes vivent sans aucune religion.

65. Chez toutes les nations répandues sur la surface de la terre qui ont une religion, il y a des préceptes semblables à ceux du Décalogue; et tous ceux qui vivent selon ces préceptes, par motif de religion, sont sauvés; mais tous ceux qui ne vivent pas selon ces préceptes, par motif de religion, sont damnés. Ceux qui vivent selon ces préceptes, par motif de religion, instruits par les anges après la mort, reçoivent les vérités et reconnoissent le Seigneur; la raison en est qu'ils fuient les maux comme péchés, et conséquemment qu'ils sont dans le bien. Or, le bien aime la vérité, et la reçoit par le désir de l'amour, comme on l'a vu n°s 32 à 41. C'est ce qu'il faut entendre par ces paroles du Seigneur aux Juifs : « *Le royaume de Dieu vous sera ôté, et il sera donné à une nation produisant des fruits.* » Matth. xxi. 43. « *Quand le maître de la vigne viendra, il perdra les méchans, et il louera sa vigne à d'autres vignerons, qui lui rendront des fruits dans leur temps.* » Matth. xxi. 40. 41. « *Je vous le dis, plusieurs viendront de l'Orient et de l'Occident, du Septentrion et du Midi, et ils seront assis dans le royaume de Dieu; mais les fils du royaume seront jetés dans les ténèbres extérieures.* » Matth. viii. 11. 12. Luc, xiii. 29.

66. On lit dans Marc : « *Un certain riche vint vers Jésus, et lui demanda ce qu'il falloit faire pour recevoir en héritage la vie éternelle. Jésus lui dit : Vous connoissez les commandemens : tu ne commettras pas d'adultère : tu ne tueras point : tu ne voleras point : tu ne rendras point de faux témoignages : tu ne tromperas point : honore ton père et ta mère. L'homme lui répondit : J'ai observé tous ces commandemens dès ma jeunesse. Jésus le regarda, et il l'aima. Cependant il lui dit : Il vous manque une chose; allez, vendez tout ce que vous avez et donnez-le aux pauvres; par là vous aurez un trésor dans les cieux : puis venez et suivez-moi en portant votre croix.* » Marc, x. 17 à 22. Il est dit que Jésus l'aima; c'est parce qu'il lui avoit dit qu'il avoit observé ces commandemens dès sa jeunesse. Mais comme il lui manquoit trois choses, qui sont de n'avoir pas détaché son cœur des richesses, de n'avoir pas combattu contre les concupiscences, et de n'avoir pas encore reconnu le Seigneur pour Dieu, le Seigneur lui dit qu'il allât vendre tout ce qu'il

avoit, ce qui signifie qu'il détachât son cœur des richesses; qu'il portât sa croix, ce qui signifie qu'il combattît contre ses concupiscences; et qu'il le suivît, ce qui signifie qu'il reconnût le Seigneur pour Dieu. Le Seigneur dans cette occasion, ainsi que dans toutes les autres, parla par correspondances. Voyez la Doctrine sur l'Écriture sainte. Nul ne peut fuir les maux comme péchés, à moins qu'il ne reconnoisse le Seigneur et ne s'adresse à lui, et à moins qu'il ne combatte contre les maux, et par là qu'il ne chasse ses concupiscences. Mais on trouvera, sur ce sujet, de plus grands détails dans l'article sur les combats contre les maux.

Autant quelqu'un fuit les homicides de tout genre comme péchés, autant il a l'amour envers le prochain.

67. Par les homicides de tout genre on doit entendre les inimitiés, les haines et les vengeances de tout genre qui respirent le désir de la mort de celui qu'on hait; car dans ses affections l'homicide est caché comme le feu dans le bois sous la cendre. Le feu infernal n'est pas autre chose; c'est de là qu'on dit être enflammé de haine, brûler du désir de la vengeance. Tels sont les homicides dans le sens naturel. Mais dans le sens spirituel, par homicide il faut entendre tous les moyens de tuer et de perdre les âmes des hommes : ces moyens sont variés et en grand nombre. Par homicide, dans le sens suprême, on doit entendre haïr le Seigneur. Ces trois genres d'homicides sont unis et cohérens ensemble; car celui qui veut la mort du corps d'un homme dans le monde, veut aussi la destruction de son âme après la mort; et il veut en même temps la destruction du Seigneur; car il est enflammé de colère contre lui, et veut éteindre son nom.

68. Ces trois genres d'homicides sont dans l'homme dès sa naissance; mais dès l'enfance il apprend à les cacher sous le voile de la civilité et de la moralité dans lesquelles il doit être avec les hommes du monde; et autant qu'il aime les honneurs ou le gain, il fait en sorte que ces affections homicides ne se montrent pas. Cette apparence est l'externe de l'homme, tandis que les affections qu'il cache sont son interne : tel est l'homme en soi. Or, comme il dépose l'externe avec le corps quand il meurt, et qu'il retient l'interne, on voit évidemment quel diable il seroit s'il n'étoit réformé.

69. Comme les genres d'homicides ci-dessus détaillés sont cachés intérieurement en l'homme dès sa naissance, et en même temps les vols de tout genre, les faux témoignages de tout genre, avec les concupiscences qui y entraînent, il est évident que si le Seigneur n'eût pourvu les moyens de réformation, il étoit impossible que l'homme ne pérît pour toujours. Les moyens de réformation que le Seigneur a pourvus sont : que l'homme naisse dans une pleine ignorance ; que dès qu'il est né il soit tenu dans l'état d'innocence externe ; peu après, dans l'état de charité externe, et ensuite, dans l'état d'amitié externe : mais comme par son entendement il vient dans l'exercice de la pensée, il est tenu dans une certaine liberté d'agir selon sa raison. C'est cet état qui a été décrit n° 19, et qu'il est nécessaire de reprendre ici, à cause de ce qui sera dit ci-après.

« L'homme, tant qu'il est dans le monde, est entre l'enfer et « le ciel ; au-dessous est l'enfer, au-dessus est le ciel ; et alors « il est tenu dans la liberté de se tourner ou vers l'enfer ou vers « le ciel : s'il se tourne vers l'enfer, il se détourne du ciel ; si « au contraire il se tourne vers le ciel, il se détourne de l'enfer. « Ou, ce qui est la même chose, l'homme, tant qu'il est dans « le monde, est entre le Seigneur et le diable, et alors il est « tenu dans la liberté de se tourner vers l'un ou vers l'autre : « s'il se tourne vers le diable, il se détourne du Seigneur ; si « au contraire il se tourne vers le Seigneur, il se détourne du « diable. Ou, ce qui est encore la même chose, l'homme, tant « qu'il est dans le monde, est entre le mal et le bien, et alors « il est tenu dans la liberté de se tourner vers l'un ou vers « l'autre : s'il se tourne vers le mal, il se détourne du bien ; si « au contraire il se tourne vers le bien, il se détourne du mal. » Voilà ce qui a été dit au n° 19. Que le lecteur relise aussi les n° 20. 21. 22.

70. Maintenant, puisque le mal et le bien sont deux opposés, de la même manière que l'enfer et le ciel, et que le diable et le Seigneur, il s'ensuit que si l'homme fuit le mal comme péché, il vient dans le bien opposé à ce mal. Le bien opposé au mal qui est entendu par homicide, c'est le bien de l'amour envers le prochain.

71. Comme ce bien et ce mal sont diamétralement opposés, il s'ensuit que l'un est repoussé par l'autre ; deux opposés ne peuvent être unis, ainsi que le ciel et l'enfer ne peuvent être

unis : s'ils étoient unis, ce seroit le tiède dont il est parlé : « *Je connois que vous n'êtes ni chaud ni froid ; il vaudroit mieux que vous fussiez ou chaud ou froid : mais puisque vous êtes tiède, n'étant ni chaud ni froid, je vous vomirai de ma bouche.* » Apoc. III. 15. 16.

72. Quand l'homme n'est plus dans le mal de l'homicide, mais dans le bien de l'amour envers le prochain, quelque chose qu'il fasse, c'est le bien de cet amour ; conséquemment c'est une bonne œuvre. Le prêtre qui est dans ce bien, toutes les fois qu'il enseigne et dirige, fait une bonne œuvre, parce qu'il enseigne et dirige par l'amour de sauver les âmes. Le magistrat qui est dans ce bien, toutes les fois qu'il décide et juge, fait une bonne œuvre, parce qu'il décide et juge par l'amour de servir la patrie, la société et le concitoyen. Il en est de même du commerçant ; s'il est dans ce bien, toute opération de son commerce est une bonne œuvre, dans laquelle est l'amour du prochain : or, le prochain c'est la patrie, la société, le concitoyen, et aussi les domestiques, à l'avantage desquels il pourvoit en pourvoyant au sien. De même l'artisan qui est dans ce bien, par l'amour qu'il a de ce bien, travaille fidèlement pour les autres comme pour soi, craignant le dommage de son prochain comme le sien. Les actions de ces personnes sont de bonnes œuvres, parce que autant quelqu'un fuit le mal, autant il fait le bien, selon la commune loi ci-dessus, n° 21 ; et quiconque fuit le mal comme péché, fait le bien, non par lui-même, mais par le Seigneur, n°⁵ 18 à 31. C'est tout le contraire de celui qui ne regarde pas comme péchés les divers genres d'homicides, qui sont les inimitiés, les haines, les vengeances, et autres ; qu'il soit prêtre, ou magistrat, ou commerçant, ou artisan, tout ce qu'il fait ne peut être une bonne œuvre ; parce que toutes ses œuvres participent du mal qui est intérieurement en lui ; car c'est son interne qui produit ; l'externe peut être bon, mais pour les autres, et non pour lui-même.

73. Le Seigneur enseigne, dans plusieurs endroits de la Parole, le bien de l'amour, et il l'enseigne par la réconciliation avec le prochain dans Matth. : « *Si vous offrez votre présent sur l'autel, et si auprès de l'autel vous vous ressouvenez que votre frère a quelque chose contre vous, laissez votre présent devant l'autel, et allez d'abord vous réconcilier avec votre frère, et revenant, alors offrez votre présent. Accordez-vous avec votre*

adversaire tandis que vous êtes avec lui en chemin, de peur que votre adversaire ne vous livre au juge, et que le juge ne vous livre au ministre de la justice, et que vous ne soyiez jeté en prison. En vérité, je vous le dis, vous ne sortirez point de là jusqu'à ce que vous ayez payé jusqu'au dernier denier. Matth. v. 23 à 26. Se réconcilier avec son frère, c'est fuir l'inimitié, la haine et la vengeance; il est clair que c'est fuir ces maux comme péchés. Le Seigneur enseigne aussi cela en ces mots : « *Faites aux hommes toutes les choses que vous voudriez qu'ils vous fissent; c'est là la loi et les prophètes.* » VII. 12. Nous ne devons donc pas faire du mal aux autres. Le Seigneur enseigne encore que se mettre, sans raison, en colère contre son frère ou son prochain, et le regarder comme ennemi, c'est aussi tuer. Matth. v. 21. 22.

Autant quelqu'un fuit comme péchés les adultères de tout genre, autant il aime la chasteté.

74. Par commettre l'adultère, dans le sixième commandement du Décalogue, il faut entendre, dans le sens naturel, non-seulement violer la foi conjugale, mais aussi faire des actions lascives, dire des choses obscènes, et s'abandonner à des pensées impures. Commettre l'adultère, dans le sens spirituel, c'est adultérer les biens de la Parole et falsifier ses vérités; commettre l'adultère, dans le sens suprême, c'est nier la divinité du Seigneur et profaner sa Parole : voilà les adultères de tout genre. L'homme naturel peut savoir, par la lumière de la raison, que par commettre l'adultère on doit entendre aussi faire des actions lascives, dire des choses obscènes, et s'abandonner à des pensées impures; mais il ne sait pas que par commettre l'adultère on doit entendre aussi adultérer les biens de la Parole et falsifier ses vérités, et encore moins sait-il que c'est nier la divinité du Seigneur, et profaner sa parole : conséquemment, il ne sait pas que l'adultère est un mal si énorme, qu'il peut être appelé le mal diabolique même; car celui qui est dans l'adultère naturel est aussi dans l'adultère spirituel, et celui qui est dans l'adultère spirituel est aussi dans l'adultère naturel : c'est ce qui sera démontré dans un ouvrage particulier sur *l'Amour conjugal.* Mais ceux qui, par leur foi et par leur vie,

ne regardent pas les adultères comme péchés, sont tout à la fois dans les adultères de tout genre.

75. Qu'autant quelqu'un fuit l'adultère, autant il aime le mariage, ou, ce qui est la même chose, qu'autant quelqu'un fuit la lasciveté de l'adultère, autant il aime la chasteté du mariage, c'est parce que la lasciveté de l'adultère et la chasteté du mariage sont deux choses opposées ; c'est pourquoi autant il n'est pas dans l'un, autant il est dans l'autre. C'est exactement comme ce qui a été dit ci-dessus, n° 70.

76. Qui que ce soit ne peut savoir quelle est la chasteté du mariage, sinon celui qui fuit la lasciveté de l'adultère comme un péché. L'homme peut savoir ce dans quoi il est, mais jamais il ne peut savoir ce dans quoi il n'est pas : s'il sait quelque chose de ce dans quoi il n'est pas, soit par description, soit par la pensée, il ne le sait, on ne le voit pas autrement que comme dans l'ombre, et il reste dans le doute. C'est pourquoi il ne le voit point dans la lumière, et sans doute ; à moins qu'il n'y soit ; ainsi y être, c'est le savoir ; n'y être point, c'est le savoir et ne pas le savoir. La vérité est que la lasciveté de l'adultère et la chasteté du mariage sont absolument entre elles comme l'enfer et le ciel sont entre eux ; que la lasciveté de l'adultère fait l'enfer en l'homme, et que la chasteté du mariage fait le ciel en lui. Mais la chasteté du mariage n'est qu'en celui qui fuit la lasciveté de l'adultère comme péché. Voyez n° 111.

77. De tout ce qui vient d'être dit, on peut décider avec certitude, et voir clairement, si un homme est chrétien ou s'il ne l'est pas, et même s'il a de la religion ou s'il n'en a point. Celui qui, par sa foi et par sa vie, ne regarde pas les adultères comme péchés, n'est point chrétien, et il n'a pas de religion : au contraire, celui qui fuit les adultères comme péchés ; bien plus, celui qui, parce qu'ils sont des péchés, les a en aversion ; et bien plus encore, celui qui, pour la même raison, les regarde avec abomination ; celui-là a de la religion ; et s'il est dans l'Église chrétienne, il est véritablement chrétien. Mais il sera traité plus amplement de cet objet dans l'ouvrage sur L'AMOUR CONJUGAL : voir ce qui a été dit dans celui DU CIEL ET DE L'ENFER, n°s 366 à 386.

78. Que commettre l'adultère c'est aussi faire des actions lascives, dire des choses obscènes, et s'abandonner à des pensées sales, c'est ce qui est évident par ces paroles du Seigneur :

« *Vous avez appris qu'il a été dit aux anciens : Vous ne com-
mettrez pas d'adultère. Mais moi je vous dis que si quelqu'un
regarde la femme d'un autre au point de la convoiter, il a déjà
commis avec elle l'adultère dans son cœur.* » Matth. v. 27. 28.

79. Que dans le sens spirituel commettre l'adultère, c'est
adultérer le bien de la Parole et falsifier ses vérités, cela est
évident par ces passages : « *Babylone a fait boire à toutes les
nations le vin de sa prostitution.* » Apoc. xiv. 8. « *L'ange me
dit : Je vais vous montrer le jugement de la grande prostituée
assise sur la multitude des eaux, avec qui les rois de la terre
ont commis l'adultère.* » Apoc. xvii. 1. 2. « *Dieu a jugé la grande
prostituée, qui a corrompu la terre par sa prostitution.* » Apoc.
xix. 2. « *Babylone a fait boire à toutes les nations le vin de la
fureur de sa prostitution, et les rois de la terre ont commis
l'adultère avec elle.* » Apoc. xviii. 3. La prostitution est dite de
Babylone, parce que par Babylone sont entendus ceux qui s'ar-
rogent la divine puissance du Seigneur, et qui profanent la
Parole en l'adultérant et en la falsifiant ; c'est pourquoi Babylone est aussi nommée *la mère des prostitutions et des abominations de la terre.* Apoc. xvii. 5. L'adultère et la prostitution
ont la même signification dans les livres prophétiques. « *J'ai vu
dans les prophètes de Jérusalem une obstination horrible en
commettant l'adultère et en marchant dans la voie du mensonge.* » Jérém. xxiii. 14. « *Deux femmes, filles d'une même
mère, se sont prostituées en Égypte ; elles se sont prostituées dès
leur jeunesse. L'une s'est prostituée sous mes yeux ; elle a choisi
pour amans les Assyriens, ses voisins ; elle a répandu ses prostitutions sur eux : cependant elle n'a pas abandonné ses prostitutions en Égypte. L'autre a corrompu son amour plus que la première, et porté l'excès de ses prostitutions plus loin que sa sœur :
elle a renchéri dans ses prostitutions ; elle a aimé les Chaldéens.
Les fils de Babel sont venus auprès d'elle pour assouvir ses
amours, et ils l'ont souillée par leurs adultères.* » Ézech. xxiii.
1. 17. Ceci est dit de l'Église israélite et de l'Église judaïque, qui
ici sont les filles d'une même mère. Par leurs prostitutions il
faut entendre les adultérations et les falsifications de la Parole ;
et comme dans la Parole l'Égypte signifie la science ; l'Assyrie,
le raisonnement ; la Chaldée, la profanation de la vérité ; Babel,
la profanation du bien ; c'est pourquoi il est dit qu'elles se sont
prostituées à ces peuples. Voici ce qui est dit de Jérusalem, par

laquelle doit être entendue l'Église, quant à la doctrine : « *Jérusalem, tu as mis ta confiance dans ta beauté, et tu t'es prostituée pour te faire une réputation ; tu as répandu tes prostitutions sur tous les passans. Tu t'es prostituée avec les Égyptiens, tes voisins, de haute taille, et tu as multiplié ta prostitution. Tu t'es prostituée avec les fils d'Assur, et comme tu n'as pas pu trouver à t'assouvir avec ceux à qui tu t'es prostituée, tu as étendu ta prostitution jusqu'en Chaldée, la terre du commerce. Femme adultère, sous les yeux de ton mari tu prends des amans étrangers! Tous les amans paient le salaire à leurs prostituées; mais toi, tu as payé le salaire à tous tes amans, afin qu'ils viennent vers toi de toutes parts, pour t'assouvir dans tes prostitutions. C'est pourquoi, femme prostituée, écoute la parole de Jéhovah.* » Ézéch. xvi. 15. 26 à 35. Que par Jérusalem il faut entendre l'Église, c'est ce qu'on peut voir dans LA DOCTRINE SUR LE SEIGNEUR, n°s 62. 63. L'adultère et la prostitution ont une signification semblable dans les passages suivans : Is. xxiii. 17. 18. lvii. 3. Jérém. ii. 2. 6. 8. 9. v. 1. 7. xiii. 27. xxix. 23. Mich. i. 7. Nah. iii. 3. 4. Osée, iv. 7. 10. 11. Lévit. xx. 5. Nomb. xiv. 33. xv. 39, et ailleurs. C'est pourquoi aussi la nation juive a été appelée par le Seigneur *race adultère.* Matth. xii. 39. xvi. 4. Marc, viii. 38.

Autant quelqu'un fuit comme péchés les vols de tout genre, autant il aime la sincérité.

80. Par voler, dans le sens naturel, on entend non-seulement dérober et commettre des brigandages, mais encore frauder, et ôter à autrui son bien, de quelque manière que ce soit. Dans le sens spirituel, par voler il faut entendre priver autrui des vérités de sa foi et des biens de sa charité. Dans le sens suprême, par voler il faut entendre ôter au Seigneur les choses qui sont à lui et se les attribuer, et ainsi s'arroger à soi-même la justice et le mérite. Voilà quels sont les vols de tout genre; aussi ils ne font qu'un, comme les homicides de tout genre, et les adultères de tout genre : ils ne font qu'un, parce que l'un est dans l'autre.

81. Le mal du vol entre plus profondément dans l'homme qu'aucun autre mal, parce qu'il est conjoint à l'astuce et à la ruse. L'astuce et la ruse s'insinuent jusque dans l'esprit spirituel

de l'homme, dans lequel est sa pensée avec l'entendement. On verra ci-après qu'il y a dans l'homme un esprit spirituel et un esprit naturel.

82. Qu'autant quelqu'un fuit le vol comme péché, autant il aime la sincérité, c'est parce que le vol est aussi la fraude, et que la fraude et la sincérité sont deux opposés. Conséquemment, autant quelqu'un n'est pas dans la fraude, autant il est dans la sincérité.

83. Par sincérité ont doit entendre aussi l'intégrité, la justice, la fidélité et la droiture. L'homme ne peut être dans ces vertus par lui-même, au point de les aimer d'elles-mêmes et pour elles-mêmes; mais celui qui fuit les fraudes, les astuces et les ruses comme péchés, celui-là est en même temps dans ces vertus, non par lui, mais par le Seigneur, comme il a été dit n°s 18 à 31: il en est ainsi du prêtre, du magistrat, du juge, du commerçant, de l'artisan, en un mot, de chacun dans sa fonction et dans son œuvre.

84. C'est ce qu'enseigne la Parole dans plusieurs passages. En voici quelques-uns : « *Celui qui marche dans la justice, qui parle avec droiture, qui a en horreur les extorsions à cause du gain, qui secoue ses mains afin de ne pas recevoir des présens, qui bouche ses oreilles afin de ne point entendre des paroles de sang, qui ferme ses yeux afin de ne point voir le mal, celui-là habitera dans les lieux élevés.* » Is. XXXIII. 15. 16. « *Jéhovah, qui est-ce qui s'arrêtera dans votre tabernacle ? qui est-ce qui habitera sur la montagne de votre sainteté ? c'est celui qui marche dans l'intégrité, qui pratique la justice, qui ne déchire point avec sa langue, et ne fait point du mal à son compagnon.* » Ps. XV. 1. 2. 3. « *Mes yeux sont tournés sur les fidèles de la terre, afin qu'ils soient assis avec moi : celui qui marche dans la voie de l'intégrité, sera le ministre de mes volontés : celui qui emploie la ruse ne sera point assis dans ma maison, et celui qui profère le mensonge ne restera point devant mes yeux. Au lever de l'aurore j'exterminerai tous les impies de la terre, et je détruirai dans la ville tous les ouvriers d'iniquité.* » Ps. CI. 6. 7. 8.

Quiconque n'est pas intérieurement sincère, juste, fidèle et droit, est incontestablement fourbe, injuste, infidèle, et non droit. C'est ce que le Seigneur nous enseigne par ces paroles: « *Si votre justice n'est plus abondante que celle des scribes et* des pharisiens, vous n'entrerez point dans le royaume des cieux. » Matth. v. 20. Une justice plus abondante que celle des scribes et des pharisiens, c'est une justice intérieure, dans laquelle est l'homme qui est dans le Seigneur. Que l'homme peut être dans le Seigneur, c'est ce que le Seigneur enseigne aussi. « Je leur ai donné la gloire que vous m'avez donnée, afin qu'ils soient un comme nous sommes un, moi dans eux et vous dans moi, afin qu'ils soient parfaits en un, et afin que l'amour dont vous m'avez aimé soit en eux et moi en eux. » Jean, XVII. 22. 23. 26. Par ce passage il est évident que les hommes sont parfaits, lorsque le Seigneur est dans eux. Voilà ceux qui sont appelés purs de cœur, qui verront Dieu, et parfaits comme le Père qui est dans les cieux. Matth. v. 8. 48.

85. Il a été dit, n° 81, que le mal du vol entre plus profondément dans l'homme qu'aucun autre mal, parce qu'il est conjoint à l'astuce et à la ruse, et que l'astuce et la ruse s'insinuent jusque dans l'esprit spirituel de l'homme, dans lequel est sa pensée avec l'entendement. C'est pourquoi je dirai ici quelque chose sur l'esprit de l'homme. On peut voir, n° 43, que l'esprit de l'homme est son entendement, et aussi sa volonté.

86. Dans l'homme il y a un esprit naturel et un esprit spirituel; l'esprit naturel est au-dessous, et l'esprit spirituel est au-dessus. L'esprit naturel est l'esprit de son monde, et l'esprit spirituel est l'esprit de son ciel. L'esprit naturel peut être appelé l'esprit animal, et l'esprit spirituel peut-être appelé l'esprit humain; aussi l'homme est distingué de l'animal en ce qu'il y a en lui un esprit spirituel par lequel il peut être dans le ciel, tandis qu'il est dans le monde; c'est aussi par cet esprit que l'homme vit après la mort.

L'homme, par l'entendement, peut être dans l'esprit spirituel, et conséquemment dans le ciel; mais, par la volonté, il ne peut pas être dans l'esprit spirituel, et conséquemment dans le ciel, à moins qu'il ne fuie les maux comme péchés; et s'il n'y est pas aussi par la volonté, il n'est point effectivement dans le ciel; car sa volonté entraine en bas son entendement, et fait qu'il est également naturel et animal.

L'homme peut être comparé à un jardin, son entendement à la lumière, et sa volonté à la chaleur. Le jardin, dans la saison de l'hiver, est dans la lumière, et non en même temps dans la chaleur; mais, dans la saison de l'été, il est en même temps dans la lumière et dans la chaleur. Ainsi, l'homme qui est seulement dans la lumière de l'entendement est comme un jardin en hiver; mais celui qui est en même temps dans la lumière de l'entendement et dans la chaleur de la volonté, est comme un jardin en été. L'entendement est sage par la lumière spirituelle, et la volonté aime par la chaleur spirituelle; car la lumière spirituelle est la divine sagesse, et la chaleur spirituelle est le divin amour.

Tant que l'homme ne fuit pas les maux comme péchés, les concupiscences des maux obstruent les intérieurs de l'esprit naturel de la part de la volonté, qui y sont comme un voile épais et comme un nuage obscur sous l'esprit spirituel, et qui l'empêchent d'être ouvert. Mais dès que l'homme fuit les maux comme péchés, le Seigneur influe du ciel, ôte le voile, dissipe le nuage, et ouvre l'esprit spirituel, et ainsi introduit l'homme dans le ciel.

Tant que les concupiscences des maux obstruent les intérieurs de l'esprit naturel, l'homme est dans l'enfer; mais aussitôt que ces concupiscences sont dissipées par le Seigneur, l'homme est dans le ciel. Tant que les concupiscences des maux obstruent les intérieurs de l'esprit naturel, l'homme est naturel; mais aussitôt que ces concupiscences sont dissipées par le Seigneur, l'homme est spirituel. Tant que les concupiscences des maux obstruent les intérieurs de l'esprit naturel, l'homme est animal; il diffère seulement de l'animal en ce qu'il peut penser et parler, même sur les choses qu'il ne voit pas de ses yeux, ce qui lui vient de la faculté qu'il a d'élever son entendement jusqu'à la lumière du ciel; mais aussitôt que ces concupiscences sont dissipées par le Seigneur, l'homme est homme, parce qu'alors il pense la vérité dans l'entendement par le bien qui est dans la volonté. Enfin, tant que les concupiscences des maux obstruent les intérieurs de l'esprit naturel, l'homme est comme un jardin dans la saison de l'hiver; mais aussitôt que ces concupiscences sont dissipées par le Seigneur, l'homme est comme un jardin dans la saison de l'été.

La conjonction de la volonté et de l'entendement en l'homme est désignée, dans la Parole, par le cœur et l'âme, et par le cœur et l'esprit, comme dans ces passages où il est dit qu'on doit aimer Dieu de tout son cœur et de toute son âme, Matth. XXII. 35; que Dieu donnera un nouveau cœur et un nouvel esprit, Ézéch. xi. 19. xxxvi. 26. 27. Par le cœur, on doit entendre la volonté et son amour; par l'âme et par l'esprit, on doit entendre l'entendement et sa sagesse.

Autant quelqu'un fuit comme péchés les faux témoignages de tout genre, autant il aime la vérité.

87. Dans le sens naturel, par porter de faux témoignages on entend non-seulement être faux témoin, mais aussi mentir et diffamer. Dans le sens spirituel, par porter de faux témoignages, il faut entendre dire et persuader que le faux est la vérité et que le mal est le bien, que la vérité est le faux, et que le bien est le mal. Dans le sens suprême, porter de faux témoignages c'est blasphémer le Seigneur et la Parole. Tels sont les faux témoignages dans les trois sens. Il est évident, d'après ce qui a été dit dans LA DOCTRINE SUR L'ÉCRITURE SAINTE, touchant le triple sens de la Parole, n°s 5. 6. 7 et suivans, et n° 57, que ces trois genres de faux témoignages ne font qu'un en l'homme qui est faux témoin, qui ment et qui diffame.

88. Comme le mensonge et la vérité sont deux opposés, il s'ensuit qu'autant quelqu'un fuit le mensonge comme péché, autant il aime la vérité.

89. Autant quelqu'un aime la vérité, autant il veut la connoître, et autant son cœur est affecté de joie quand il la trouve; l'homme ne peut parvenir autrement à la sagesse; et autant il aime à mettre la vérité en pratique, autant il sent l'aménité de la lumière dans laquelle est la vérité. Il en est de même des autres vertus dont nous avons parlé ci-dessus, comme de la sincérité et de la justice en celui qui fuit les vols de tout genre, de la chasteté et de la pureté en celui qui fuit les adultères de tout genre, de l'amour et de la charité en celui qui fuit les homicides de tout genre, et ainsi des autres. Mais celui qui est dans les vices opposés à ces vertus, ne sait rien sur ces vertus, quoique tout ce qui a de la réalité y soit.

90. C'est la vérité qu'il faut entendre par la semence dans le champ, dont le Seigneur parle ainsi : « *Le semeur sortit pour semer; comme il semoit, une partie de la semence tomba sur le chemin; elle fût foulée aux pieds, et les oiseaux du ciel la mangèrent. Une autre partie tomba sur un lieu pierreux; mais lorsqu'elle eut pris croissance elle sécha, parce qu'elle n'avoit*

*pas de racine. Une autre partie tomba au milieu des épines,
et les épines, croissant avec elle, la suffoquèrent. Une autre
partie tomba dans de bonne terre, et quand elle eut pris toute
sa croissance elle rapporta beaucoup de fruit.* » Luc, VIII. 5 à 8.
Matth. XIII. 3 à 8. Marc, IV. 3 à 8. Ici le semeur est le Seigneur;
la semence est la Parole, conséquemment la vérité; la semence
sur le chemin est la Parole chez ceux qui ne se soucient pas de
la vérité; la semence dans les lieux pierreux est la Parole chez
ceux qui se soucient de la vérité, mais non pour elle-même,
ainsi non intérieurement; la semence au milieu des épines est
la Parole chez ceux qui sont dans les concupiscences du mal;
mais la semence dans la bonne terre est la Parole chez ceux qui
aiment les vérités qui sont dans la Parole procédante du Seigneur, et qui les mettent en pratique par le Seigneur, ainsi, qui
font des fruits. La preuve que voilà ce qu'on doit entendre dans
cette parabole se trouve dans l'explication qu'en donne le Seigneur lui-même, Matth. XIII. 19 à 23. 37. Marc, IV. 14 à 20.
Luc, VIII. 11 à 15. Par là on voit évidemment que la vérité de
la Parole ne peut prendre racine chez ceux qui n'en font aucun
cas, ni chez ceux qui aiment la vérité extérieurement, et non
intérieurement, ni chez ceux qui sont dans les concupiscences
du mal; mais chez ceux en qui les concupiscences du mal sont
dissipées par le Seigneur, la semence, c'est-à-dire la vérité,
prend racine dans leur esprit spirituel. Voyez n° 86.

91. C'est une opinion commune aujourd'hui, que pour être
sauvé il suffit de croire telle ou telle chose qu'enseigne l'Église,
et qu'il n'est pas besoin de mettre en pratique les commandemens du Décalogue, qui sont de ne pas tuer, de ne pas commettre d'adultère, de ne pas voler, et de ne pas porter de faux
témoignages, tant dans le sens strict que dans le sens étendu;
car, dans l'Église, on dit que Dieu a égard à la foi et non aux
œuvres. Mais la vérité est que autant l'homme est dans ces maux,
autant il n'a pas la foi. Voyez n° 42 à 52. Consultez votre raison,
et examinez si quelqu'un qui est homicide, adultère, voleur et
faux témoin, peut avoir la foi tant qu'il est dans la concupiscence de ces maux, et si la concupiscence de ces maux peut
être dissipée par un autre moyen que celui de ne vouloir plus
faire ces maux parce qu'ils sont des péchés, c'est-à-dire, parce
qu'ils sont infernaux et diaboliques. C'est pourquoi celui qui
pense qu'il suffit, pour être sauvé, de croire telle ou telle

chose que l'Église enseigne, et qui, néanmoins, est homicide, adultère, voleur ou faux témoin, ne peut qu'être un insensé, selon les paroles mêmes du Seigneur, dans Matth. VII. 26. Une telle Église est ainsi décrite dans Jérémie : « *Tiens-toi debout sur la porte de la maison de Jéhovah, et proclames-y ces paroles : Voici ce qu'a dit Jéhova-Zébaoth, dieu d'Israël : Rendez bonnes vos voies et vos œuvres ; ne mettez pas votre confiance en des paroles de mensonge, en disant : Temple de Jéhovah, temple de Jéhovah, c'est ici le temple de Jéhovah. Est-ce en volant, en tuant, en commettant l'adultère et en jurant faussement que vous viendrez ensuite, et que vous vous présenterez devant moi dans cette maison, en laquelle est prononcé mon nom, et vous direz : Nous sommes délivrés ; tandis que vous faites de telles abominations ? Est-ce que cette maison est devenue une caverne de voleurs ? Moi aussi, moi-même je l'ai vu, a dit Jéhovah.* » VII. 2. 3. 4. 9. 10. 11.

Personne ne peut fuir les maux comme péchés jusqu'au point de les avoir en aversion intérieurement, si ce n'est par des combats contre eux.

92. Par la Parole, et par la doctrine tirée de la Parole, chacun connoît que le propre de l'homme, dès sa naissance, est le mal ; que c'est de ce propre que, par une concupiscence innée, il aime les maux et y est porté, de manière qu'il veut se venger, qu'il veut dérober et tromper, qu'il veut diffamer, et qu'il veut commettre l'adultère ; et s'il ne pense pas que ce sont des péchés, et, conséquemment, s'il ne leur résiste pas, il les commet toutes les fois que l'occasion s'en présente, et que sa réputation n'en souffre pas par rapport à son honneur ou à son profit. Ajoutez encore à cela que l'homme commet tous ces crimes par plaisir, s'il n'y a point de religion en lui.

93. Comme ce propre de l'homme fait la première racine de sa vie, on comprend quel arbre seroit l'homme si cette racine n'étoit extirpée, et si une nouvelle racine n'étoit implantée à sa place ; ce seroit un arbre pourri, dont il est dit qu'il doit être arraché et jeté au feu. Matth. III. 10. VII. 19. Cette racine ne peut être extirpée, et une nouvelle être mise à sa place, à moins que l'homme ne regarde les maux qui font cette racine comme des dommages funestes pour son âme, et qu'il ne veuille, à

cause de cela, s'en détourner. Mais comme ces maux sont de son propre, et conséquemment sont ses plaisirs, il ne peut s'en détourner que malgré lui, par des efforts sur lui-même, et ainsi par des combats.

94. Quiconque croit qu'il y a un enfer et un ciel, que le ciel est la félicité éternelle, et que l'enfer est l'infélicité éternelle, et que dans l'enfer viennent ceux qui font les maux, et dans le ciel ceux qui font les biens, celui-là combat; et celui qui combat agit de l'intérieur et contre la concupiscence même, qui fait la racine du mal; car quiconque combat contre quelque chose, ne veut pas cette chose; et avoir la concupiscence d'une chose, c'est la vouloir. De là il est évident que la racine du mal n'est extirpée que par le combat.

95. Autant donc quelqu'un combat, et ainsi rejette le mal, autant à la place du mal succède le bien; et de ce bien autant il voit le mal en face, et alors il voit combien il est infernal et horrible; et comme il le voit tel, non-seulement il le fuit, mais ensuite il le déteste, et enfin il l'a en abomination.

96. L'homme qui combat contre les maux ne peut pas ne pas combattre comme par soi, car celui qui ne combat pas comme par soi ne combat pas; il demeure comme un automate, ne voyant rien et ne faisant rien; et, d'après le mal qui est en lui, il pense continuellement en faveur du mal, et non contre lui. Mais il faut savoir que le Seigneur seul combat dans l'homme contre les maux, et qu'il paroît seulement à l'homme qu'il combat de lui-même; et que le Seigneur veut que cela paroisse ainsi à l'homme, parce que sans cette apparence il n'existe pas de combat, et conséquemment point de réformation.

97. Ce combat n'est grave que pour ceux qui ont lâché la bride à leurs concupiscences, et qui, de propos délibéré, s'y sont livrés avec complaisance, et aussi à ceux qui ont rejeté avec obstination les choses saintes de la Parole et de l'Église; mais il n'est point grave pour les autres : qu'ils résistent aux maux seulement une fois la semaine, ou deux fois par mois, et ils s'apercevront bientôt d'un changement.

98. L'Église chrétienne est appelée l'Église combattante, et elle ne peut être dite combattante que contre le diable, ainsi, contre les maux qui procèdent de l'enfer; l'enfer est le diable. La tentation que subit l'homme de l'Église est ce combat.

99. Dans un grand nombre de passages de la Parole, il est

question des combats contre les maux, qui sont les tentations. Ce sont ces combats qu'il faut entendre par ces paroles du Seigneur : « *Je vous le dis, si le grain de froment tombant dans la terre ne meurt pas, il demeure seul ; mais s'il meurt, il porte beaucoup de fruit.* » Jean, XII. 24. « *Quiconque veut venir après moi, qu'il renonce à soi-même, qu'il porte sa croix et qu'il me suive. Quiconque veut sauver son âme, la perdra ; mais celui qui perdra son âme pour moi et pour l'Évangile, la sauvera.* » Marc, VIII. 34. 35. Ici la croix c'est la tentation, comme aussi dans Matth. x. 38. XVI. 24 ; Marc, x. 21 ; Luc, XIV. 27. L'âme, c'est la vie du propre de l'homme, comme aussi dans Matth. x. 39. XVI. 25 ; Luc, IX. 24 ; et surtout Jean, XII. 25. L'âme est aussi la vie de la chair, qui n'est utile à rien. Jean, VI. 64. C'est des combats contre les maux, et des victoires qu'on doit remporter sur eux, que le Seigneur parle à toutes les Églises dans l'Apocalypse. A l'Église d'Éphèse : « *Au victorieux je donnerai à manger de l'arbre de vie qui est au milieu du paradis de Dieu.* » II. 7. A l'Église de Smyrne : « *Celui qui vaincra ne souffrira pas de dommage de la seconde mort.* » II. 11. A l'Église de Pergame : « *Au victorieux je donnerai à manger d'une manne cachée, et je lui donnerai une pierre blanche, et sur cette pierre sera écrit un nom nouveau que nul ne connoît, sinon celui qui la reçoit.* » II. 17. A l'Église de Thyatire : « *A celui qui vaincra et observera mes œuvres, je donnerai le pouvoir sur les nations ; et je lui donnerai l'étoile du matin.* » II. 26. 28. A l'Église de Philadelphie : « *Celui qui vaincra, je ferai de lui une colonne dans le temple de mon Dieu, et j'écrirai sur lui le nom de Dieu, le nom de la ville de Dieu, le nom de Jérusalem, qui descend du ciel, venant de Dieu, et mon nom nouveau.* » III. 12. A l'Église de Sardes : « *Celui qui vaincra sera revêtu de vêtemens blancs ; je n'effacerai point son nom du Livre de vie, et je confesserai son nom devant mon Père et devant les anges.* » III. 5. A l'Église de Laodicée : « *Celui qui vaincra sera assis avec moi sur mon trône.* » III. 21.

100. Le lecteur peut voir, dans LA DOCTRINE CÉLESTE DE LA NOUVELLE JÉRUSALEM, imprimée à Londres, en 1758, ce qui a été dit sur ces combats, qui sont les tentations, d'où elles viennent et quelles elles sont, n°s 196. 197 ; comment et quand elles s'opèrent, n° 198 ; quel bien elles procurent, n° 199 ; que

c'est le Seigneur qui combat pour l'homme, n° 200; des combats ou tentations du Seigneur, n° 201.

L'homme doit fuir les maux comme péchés, et combattre contre eux comme par lui-même.

101. C'est une loi de l'ordre divin que l'homme agisse en liberté, selon sa raison, parce que agir en liberté selon sa raison, c'est agir de soi-même. Mais ces deux facultés, *la liberté et la raison*, n'appartiennent point à l'homme, elles appartiennent au Seigneur en l'homme; et en sa qualité d'homme il en jouit, et elles ne lui sont point ôtées, parce que sans elles il ne peut être réformé; car sans elles il ne peut faire pénitence, il ne peut combattre contre les maux, et ensuite produire de dignes fruits de pénitence. Puisque la liberté et la raison sont à l'homme par le Seigneur, et que l'homme agit par elles, il s'ensuit qu'il n'agit pas de soi, mais comme de soi.

102. Le Seigneur aime l'homme, et veut habiter en lui; et il ne peut aimer l'homme et habiter en lui, à moins qu'il n'en soit reçu et réciproquement aimé : de là, et non d'ailleurs, vient la conjonction. C'est pour cela que le Seigneur a donné à l'homme la liberté et la raison; la liberté pour penser et vouloir comme de lui-même, et la raison pour l'éclairer. Il n'est pas possible d'aimer quelqu'un, et d'être conjoint à lui, s'il n'y a pas réciprocité de sa part; ni d'entrer chez quelqu'un, et de demeurer en lui, s'il n'y a pas de réception. Comme la réception et la réciprocité en l'homme viennent du Seigneur, c'est pourquoi le Seigneur dit : « *Demeurez en moi, et je demeurerai en vous* » Jean, xv. 4. « *Celui qui demeure en moi, et en qui je demeure, porte beaucoup de fruit.* » Jean, xv. 5. « *En ce jour vous connoîtrez que vous êtes en moi, et moi en vous.* » Jean, xiv. 20. « Le Seigneur enseigne aussi qu'il est dans les vérités et dans les biens que l'homme reçoit, et qui sont en l'homme. « *Si vous demeurez en moi, et si mes paroles demeurent en vous; si vous gardez mes commandemens, vous demeurerez dans mon amour.* » Jean, xv. 7. 10. « *Celui qui a mes commandemens, et qui les garde, c'est celui-là qui m'aime, et moi je l'aimerai aussi, et je demeurerai en lui.* » Jean, xiv. 21. 23. Ainsi, le Seigneur habite dans le sien en l'homme, et l'homme habite dans les

vérités et les biens qui sont en lui par le Seigneur, et ainsi dans le Seigneur.

103. Comme cette réciprocité est en l'homme par le Seigneur, c'est pourquoi le Seigneur dit que l'homme doit faire pénitence; or, personne ne peut faire pénitence que comme par soi. « *Jésus dit : Si vous ne faites pénitence, vous périrez tous.* » Luc, XIII. 3. 5. « *Jésus dit : Le royaume de Dieu approche ; faites pénitence, croyez à l'Évangile.* » Marc, I. 14. 15. « *Jésus dit : Je suis venu pour appeler les pécheurs à la pénitence.* » Luc, V. 32. « *Jésus dit aux Églises : Faites pénitence.* » Apoc. II. 5. 16. 21. 22. III. 5. « *Ils n'ont point fait pénitence de leurs œuvres.* » Apoc. XVI. 11.

104. Comme cette réciprocité est en l'homme par le Seigneur, c'est pourquoi le Seigneur dit que l'homme doit faire ses commandemens et faire des fruits. « *Pourquoi m'appelez-vous Seigneur! Seigneur! et cependant vous ne faites pas ce que je vous dis?* » Luc, VI. 46 à 49. « *Si vous savez ces choses, vous êtes heureux si vous les faites.* » Jean, XIII. 37. « *Vous êtes mes amis, si vous faites ce que je vous commande.* » Jean, XV. 14. « *Celui qui fait et enseigne, c'est celui-là qui sera appelé grand dans le royaume des cieux.* » Matth. V. 19. « *Quiconque écoute mes paroles et les met en pratique, je le comparerai à un homme prudent.* » Matth. VII. 14. « *Faites de dignes fruits de pénitence.* » Matth. III. 8. « *Faites un bon arbre et son bon fruit.* » Matth. XII. 33. « *Le royaume sera donné à la nation faisant ses fruits.* » Matth. XXI. 43. « *Tout arbre qui ne fait pas de fruit est coupé et jeté au feu.* » Matth. VII. 19, etc. De là il est évident que l'homme doit faire par soi, mais par la puissance du Seigneur, qu'il doit implorer; et c'est là faire comme de soi.

105. Comme cette réciprocité est en l'homme par le Seigneur, c'est pourquoi l'homme doit rendre compte de ses œuvres, et il sera traité selon ses œuvres; car le Seigneur dit : « *Le Fils de l'homme viendra, et il rendra à chacun selon ses œuvres.* » Matth. XVI. 27. « *Ceux qui auront fait de bonnes œuvres sortiront pour la résurrection de la vie, et ceux qui auront fait de mauvaises œuvres sortiront pour la résurrection du jugement.* » Jean, V. 29. « *Leurs œuvres les suivent.* » Apoc. XIV. 13. « *Tous sont jugés selon leurs œuvres.* » Apoc. XX. 13. « *Voilà que je viens, et ma récompense est avec moi, pour rendre à chacun selon son œuvre.* » Apoc. XXII. 12. S'il n'y avoit pas de réciprocité en l'homme, il n'y auroit nulle imputation.

106. Comme la réception et la réciprocité sont en l'homme, c'est pourquoi l'Église enseigne que l'homme doit s'examiner, confesser ses péchés, devant Dieu, s'en désister, et mener une nouvelle vie. On peut voir ci-dessus, n° 3 à 8, que toutes les Églises chrétiennes enseignent cela.

107. S'il n'y avoit pas de réception de la part de l'homme, et la pensée qu'elle vient de lui, on n'auroit pu rien dire aussi de la foi; car la foi aussi ne vient pas de l'homme : autrement, l'homme seroit comme une paille dans l'air, agitée par le vent, et il resteroit comme inanimé, la bouche ouverte, les mains pendantes, attendant l'influence, ne pensant rien, et ne faisant rien dans les choses qui sont de son salut. Assurément il n'est agent en rien dans ces choses, mais néanmoins il réagit comme par soi.

Au reste, ces vérités seront exposées d'une manière plus lumineuse dans les traités SUR LA SAGESSE ANGÉLIQUE.

Si quelqu'un fuit les maux par tout autre motif que parce qu'ils sont des péchés, il ne les fuit pas, mais il fait seulement qu'ils ne se montrent pas devant le monde.

108. Il existe des hommes moraux qui observent les commandemens de la seconde table du Décalogue; qui ne trompent point, ne blasphèment point, ne se vengent point, ne commettent point d'adultère; et ceux d'entre eux qui se confirment dans la pensée que le vol, le blasphème, la vengeance, l'adultère, sont des maux, parce qu'ils sont nuisibles à la société, et conséquemment contre les lois de l'humanité; ceux-là, dis-je, exercent la charité, la sincérité, la justice et la chasteté. Mais s'ils pratiquent ces bonnes œuvres, et s'ils fuient ces mauvaises œuvres, seulement parce que ce sont des maux, et non en même temps parce que ce sont des péchés, ils sont néanmoins entièrement naturels; et dans les hommes entièrement naturels, la racine du mal demeure attachée, et n'est point expulsée : c'est pourquoi les biens qu'ils font ne sont point des biens, parce qu'ils les font par eux-mêmes.

109. L'homme moral naturel peut paroitre devant les hommes dans le monde absolument comme homme moral spirituel, mais non devant les anges dans le ciel. Devant les anges dans le ciel, cet homme paroit, s'il est dans les biens, comme une statue de bois, et s'il est dans les vérités, comme une statue de

marbre, dans lesquelles il n'y a pas de vie. Il en est tout autrement de l'homme moral spirituel; car l'homme moral naturel est moral externe, et l'homme moral spirituel est moral interne: l'externe ne vit pas sans interne; il vit effectivement, mais d'une vie qui ne se nomme pas la vie.

110. Les concupiscences du mal, qui font les intérieurs de l'homme dès sa naissance, ne sont expulsées que par le Seigneur seul; car le Seigneur influe par le spirituel dans le naturel, mais l'homme influe de soi par le naturel dans le spirituel, et cet influx est contre l'ordre, et n'opère point sur les concupiscences et ne les expulse point; mais il les renferme de plus en plus étroitement, selon que l'homme s'y confirme; et comme le mal héréditaire est ainsi caché et renfermé, après la mort, sitôt que l'homme devient esprit, ce mal rompt l'enveloppe dont il étoit couvert dans le monde, et il s'élance au dehors comme la sanie à travers un ulcère qui n'étoit guéri qu'à l'extérieur.

111. Il y a plusieurs et diverses causes qui font que l'homme est moral dans la forme externe; mais s'il n'est pas moral aussi dans la forme interne, il n'est pas réellement moral. Par exemple, si quelqu'un s'abstient des adultères et des fornications par la crainte de la loi civile et de ses peines, par la crainte de la perte de sa réputation et de son honneur, par la crainte des maladies qui en sont les suites, par la crainte des querelles de la part de son épouse dans la maison, et de la perte de sa tranquillité qui en résulte, par la crainte de la vengeance d'un mari ou des parens, par indigence ou par avarice, par débilité provenant de maladie, ou de l'abus, ou de l'âge, ou de l'impuissance, et même s'il s'en abstient à cause de quelque loi naturelle ou morale, et non en même temps à cause de la loi spirituelle; cet homme est néanmoins adultère et fornicateur intérieurement; car il croit que ces maux ne sont pas des péchés, et dans son esprit il les regarde comme des actions non illicites devant Dieu; ainsi, dans son esprit, il les commet, quoiqu'il ne les commette pas dans son corps devant le monde: aussi dès qu'il devient esprit après la mort, il parle ouvertement en leur faveur. De là il est évident que l'impie peut fuir les maux comme des choses nuisibles; mais qu'il n'y a que le chrétien qui les puisse fuir comme péchés.

112. Il en est de même des vols et des fraudes de tout genre, des homicides et des vengeances de tout genre, et des faux

témoignages et mensonges de tout genre. Personne ne peut, par lui-même, s'en nettoyer et s'en purifier; car il y a dans chaque concupiscence des maux infinis que l'homme ne voit que comme un seul et simple, mais le Seigneur les voit tous dans leur série. En un mot, l'homme ne peut se régénérer lui-même, c'est-à-dire former en soi un nouveau cœur et un nouvel esprit; mais le Seigneur le peut, le Seigneur seul, qui est le réformateur même et le régénérateur même : c'est pourquoi, si l'homme veut se renouveler par sa propre prudence et par sa propre intelligence, il ressemble à quelqu'un qui étend du fard sur un visage difforme, ou qui applique des emplâtres sur une partie intérieurement infectée de pourriture.

113. Aussi le Seigneur dit : « *Pharisien aveugle, nettoie d'abord l'intérieur de la coupe et du plat, afin que l'extérieur soit net aussi.* » Matth. XXIII. 26. « *Lavez-vous, purifiez-vous, ôtez de devant mes yeux la malice de vos œuvres, cessez de faire le mal; alors, quand vos péchés seroient comme l'écarlate, ils deviendront blancs comme la neige; quand ils seroient rouges, comme la pourpre, ils seront comme la laine.* » Is. I. 16. 18.

114. A tout ce qui a été dit dans ce traité nous ajouterons : I. Que la charité chrétienne consiste en ce que chacun remplisse fidèlement sa fonction; car ainsi, s'il fuit le mal comme péché, il fait journellement le bien, et il est lui-même son usage dans le corps commun de la société, et, de cette manière, il contribue au bien commun et à celui de chacun en particulier. II. Que toutes les autres œuvres ne sont point proprement des œuvres de charité, mais qu'elles sont ou ses signes, ou ses bienfaits, ou ses dettes.

FIN.

TABLE.

DE L'IMPRIMERIE DE CRAPELET.